Konrad Zeller · Dr. Hans Mehrle · Theodor Glauner
Die württembergisch-badische 215. Infanterie-Division

Konrad Zeller · Dr. Hans Mehrle · Theodor Glauner

Die württembergisch-badische 215. Infanterie-Division

1936–1945

DÖRFLER
ZEITGESCHICHTE

Genehmigte Lizenzausgabe für Edition DÖRFLER
im NEBEL VERLAG GmbH, Eggolsheim

1 2 3 4 5 8 7 6 5 4

Inhaltsverzeichnis

Zum Geleit

35 Jahre nach Beendigung des Zweiten Weltkrieges erscheint diese Dokumentation über den Weg und das Schicksal der 215. württembergisch-badischen Infanterie-Division. Sie kann nur in großen Zügen über jene Jahre berichten und dartun, welche geschichtliche Rolle dieser Division in entscheidenden Schlachten im Westen und Osten zugefallen ist. Wer an ausführlicheren Kampfberichten interessiert ist, möge auf unser Divisions-Erinnerungsbuch zurückgreifen, das 1955 von den Kameraden Walter Schelm und Dr. Hans Mehrle verfaßt worden ist und als eine der besten Divisionsgeschichten des Zweiten Weltkrieges gilt.
Aus der großen Zahl der eingesandten Aufnahmen der ehemaligen Angehörigen der Division wurden die besten Fotos ausgewählt, wobei die Bilder stellvertretend für alle Einsätze und für alle Einheiten sprechen. Viele der besten Bilder stammen aus dem Archiv des Kameraden Fritz Hockenjos, ehemaliger Hauptmann, Bataillons-Kommandeur und Ritterkreuzträger. Der verbindende Text ist zum Teil eine Überarbeitung der zum Divisionstreffen 1952 herausgegebenen Festschrift. Das Kapitel über die Gefangenschaft stammt aus der Feder des Kameraden Andreas Schneider, ehemaliger Hauptfeldwebel.
Diese Bilddokumentation ist ein Dank für alle Gefallenen, Vermißten und für die Divisionsangehörigen, die am 8. Mai 1945 den Weg in die Gefangenschaft angetreten haben und aus der nur wenige zurückgekehrt sind, für alle, die Verwundungen, Erfrierungen oder Krankheiten erlitten haben, für alle Überlebenden.
Es soll ein Dank sein für alle Einheiten und deren Stäbe, für die Infanteristen, Grenadiere, Füsiliere, Pioniere, Panzerjäger, Artilleristen, Nachrichtenmänner, Sanitäter, Ärzte, Veterinäre, Seelsorger, Feldgendarmen und nicht zuletzt die Versorgungstruppen. Ein Dank für alle Badener und Württemberger, dem Stamm dieser Division, den Schlesiern, Bayern, Hamburgern und Soldaten der anderen deutschen Stämme, die im Laufe des Krieges zur 215. Infanterie-Division versetzt worden sind. Was uns auch heute noch bei der Erinnerung an den Weg und das Schicksal der Division bewegt, wurde am besten von unserem ehemaligen katholischen Divisionspfarrer Willi Müller ausgesprochen in seiner unvergeßlichen großen Gedenkrede am 7. September 1952 beim zweiten Divisionstreffen in Ludwigsburg, die wir hier in Auszügen wiederholen:

Kameraden!

Es war in der Karwoche 1945: da stand ein Häuflein Männer des Divisionsstabes abgerissen müde um den Befehlsstand der 215. Infanterie-Division. Der Kommandeur verlas den letzten Befehl: Fernschreiben der Armee – unser Todesurteil: Die Division ist aufgelöst! Da sah ich Tränen in den Augen von Männern.
In derselben Stunde zog vielleicht irgendwo im Generalstab eine Hand ein Fähnchen aus der Karte und warf es gefühllos in eine Schachtel und irgendein anderer strich aus der Versorgungsliste die Zahl 215 – das war alles. Wir aber, die wir dabei waren, wir schauten uns an und sagten: das ist das Ende!
War es das Ende? O nein. Eine Division ist nicht nur eine Nummer, kein äußerer Begriff, keine Versorgungseinheit. Eine Division ist ein Schicksal von Tausenden von Menschen, und so lange einer von uns noch am Leben ist, ist dieses Schicksal

nicht zu Ende. Alle, die sechs Jahre oder auch nur ein Stück weit diesen Schicksalsweg gegangen sind, sind zusammengeschweißt worden, sind geformt und geprägt worden für ihr ganzes Leben und man kann diese Jahre nicht mehr wegdenken und man kann diese Jahre nicht mehr wegleugnen. Und nach dem Krieg begann eine letzte Auseinandersetzung mit einem einzigen Wort, das uns quälte und peinigte. Dieses Wort saß wie ein Alpdruck auf unserer Brust und viele sind mit ihm bis zur Stunde nicht fertig geworden. Wie heißt dieses Wort? Es heißt: Umsonst! Umsonst die Opfer, umsonst das Sterben, umsonst die Ruinen, alles Hungern und Frieren und alle blutigen Wunden. Und wir haben gerungen um einen letzten Sinn und wir fragen auch heute: War nicht alles sinnlos, war nicht alles doch umsonst? Wollen wir unserer Toten würdig sein, dann muß die Devise heißen: Dem Leben neu geschenkt – dem Leben neu verpflichtet! Und wenn schon davon gesprochen wurde, daß das einstige Motto unserer Division das Wort war: "Rein der Schild und scharf das Schwert!" – gilt dies nicht heute noch? Glaubt es mir: Ich habe als Pfarrer in der Gefangenschaft und oftmals später Gewissenserforschung gehalten: War unser Schild rein? Ich rufe 4.500 Männer in diesem Saal als Zeugen: wo ist einer im weiten Rund, er trete vor und klage an, daß wir Frauen geschändet, Kinder gejagt, auf Zivilisten geschossen, mit einem Wort: Kriegsverbrechen verübt haben? Rein der Schild! Wir danken noch heute unseren ehrenhaften Generalen Knieß und Frankewitz, daß sie auch den Schild rein bewahrten wie selbst der Feind uns bestätigt hat. Wir sagen es laut vor aller Öffentlichkeit. Unser Schild war rein und er soll rein bleiben. Denn so lautet der Toten letzte Botschaft: Spielt nie mehr mit dem Tod und dem Sterben! Redet nie mehr über unseren Tod mit falschen, nationalistischen Phrasen! Laßt nie mehr eure Kinder in der Schule lernen, wie süß es ist, für das Vaterland zu sterben. Eine Lüge ist's! 8.000 Tote sagen es uns, daß es keine Kleinigkeit ist ums Sterben. Es ist kein Kinderspiel, ausgelöscht zu werden aus der Zahl der Lebendigen – es ist keine Kleinigkeit, hinabsinken zu müssen ins Dunkel – es ist keine Kleinigkeit, Weib und Kind, Heimat und Haus hinter sich zu lassen in tausend Fernen.
Ich aber darf schließen mit einem letzten herzlichen Gruß an all unsere Toten: bleib Du im ewigen Leben mein guter Kamerad! Mehr: bleib du mein besseres Ich, bleib Du mein Gewissen, bleib Du das personifizierte Ideal echten, tapferen Mannestums – dann mag es uns allen gelten, tiefer, tausendmal tiefer als einst:

"Scharf das Schwert
unseres Mutes und unserer Treue –
und rein, fleckenlos rein
unser Schild!"

Aufstellung der Division 1936 bis 1937

Die neugeschaffene Dienststelle Landwehrkommandeur Heilbronn hatte die Aufgabe, aus Reservisten eine Landwehr-Division aufzustellen und ihre Einsatzbereitschaft in einer kalendermäßig festgelegten Zeit herzustellen. Mit der Arbeit begann man im Oktober 1936. Die mob.mässige Einteilung der Offiziere lag 1937 fest. Am 1. Juli 1937 rückte von einem Landwehrregiment ein erstes Bataillon im neu erbauten Übungslager Weinsberg ein. General Most besuchte von Anfang an die Ausbildungsleiter seines Befehlsbereichs: Oberstleutnant Freiherr v. Ow-Wachendorf, Heilbronn, Major Kothmüller und Major Grosse, Ludwigsburg und Major Tafel, Pforzheim. Die Truppenoffiziere, Reservisten aus dem Ersten Weltkrieg, meist Herren im besten Alter, wurden von Grund auf mit der Exerzier- und Gefechtsausbildung vertraut gemacht. An Übungsplätzen standen dafür zur Verfügung die Truppenübungsplätze Heuberg, Münsingen und Übungslager Weinsberg. Von Anbeginn zeigte es sich, daß auch bei harter Ausbildung die Kameradschaft über allem stand. Dieser Geist war es, der sich später in den schweren Einsätzen bewährte.

Nach dem Tod von General Most übernahm am 1. Februar 1939 General Kneiß die Führung. Im Januar 1939 galt folgende Gliederung.

Heilbronn	Landwehrkommandeur Heilbronn mit den Abteilungen: Nachrichten-, Pi-, Panzerabwehr- und Aufklärungs-Abteilung Ausbildungsleiter Heilbronn 1 Artillerie ab 1. April 1939 Ausbildungsleiter Heilbronn 2 Versorgungseinheit
Ludwigsburg	Ausbildungsleiter Ludwigsburg
Pforzheim	Ausbildungsleiter Pforzheim

Alle Vorbereitungen waren planmäßig abgeschlossen. Die politische Spannung wuchs von Tag zu Tag.

Männer des I.R. 380 bei der Abfahrt vom Hauptbahnhof Heilbronn nach Münsingen, wo das Regiment zusammengestellt wurde. In dieser Aufstellung rückten sie am Mobilmachungstag, dem 28. August 1939, in Obereisesheim ein.

Unten:
Landwehrkompanie aus Pforzheim, 1938.

Von links:
Franz, Haller, Reutter, Riede, Röser, Köngeter, Baumann, Dr. Eisenhardt, Zeitler, Decker, Heidinger,

Dr. Boelke, Neuffer, Hildenbrand, Holzapfel, Stein, Seile, Kraft, Lott, Gölkel, Schmidt, Kretschmer, Schöllhammer, Kleiber, Irmer, Lang, Rentschler, Schrempf, Keinert, Kaft, Sonntag, Frhr. v. Ow-Wachendorf, Dr. Dopffel, Belser, Herb, Gabler.

Oblt. Riede mit seinen Unteroffizieren im Lager Weinsberg, 1939.
Rechts neben ihm Jakob Ringhof.

Der erste Divisionskommandeur, Generalmajor Knieß.

Vereidigung der Landwehr Kompanie in Weinsberg, nach Kriegsausbruch umbenannt in 10./I.R. 390.

Mobilmachung 1939

Am 26. Februar 1939 löste das Stichwort "Trommelwirbel" die offene Mobilmachung aus. Was jahrelang sorgfältig und mit deutscher Gründlichkeit vorbereitet worden war, wurde nun ernst. Aus den Dienststellen des Landwehrkommandeurs Heilbronn wurden Regimenter, Bataillone, Abteilungen, aus dem Stab des Landwehrkommandeurs der neue Divisionsstab der württembergisch-badischen 215. Infanterie-Division. Generalmajor Knieß wurde ihr erster Kommandeur. Die Einberufenen eilten mit der Bahn, Autos, Bussen und Fahrrädern zu den befohlenen Meldestellen, um sich einkleiden und ausrüsten zu lassen. Der Divisions-Stab versammelte sich im Raum Besigheim, das I.R. 380 im Raum Heilbronn, das I.R. 390 im Raum Ludwigsburg, das I.R. 435 im Raum Pforzheim, das A.R. 215 im Raum Bottwartal und der Nachschub im Raum Stuttgart. Die Magazine gaben Waffen, Geräte, Fahrzeuge und Geschütze an die Einheiten aus. Zug- und Reitpferde kamen hinzu und in wenigen Tagen war der Truppenverband mobil, der als 215. Infanterie-Division in vielen wechselvollen Schlachten in West und Ost sich einen Namen machen sollte.
Am 31. August 1939 begann die Verladung in Bruchsal zunächst als Übungszweck. Die Division stand zu weiterer Verwendung bereit, nutzte aber diese Zeit, um intensiv weiter Ausbildung zu betreiben.

Offiziere des I.R. 390 in Asperg, September 1939, ganz links Dr. Speer.

Unten links: Kradmeldezug 215 auf der Fahrt von der Sammelstelle 8301 Bietigheim nach Bruchsal am 29. August 1939.

Unten rechts: Werkstatt-Kompanie 215 auf dem Weg von Eppingen nach Bruchsal, 29. August 1939.

Einsatz am Oberrhein und bei Zweibrücken
Oktober 1939 bis Januar 1940

Am 10. Oktober 1939 wurde die Division aus dem Raum um Bruchsal am Oberrhein eingesetzt und zwar mit I.R. 435 im Raum Karlsruhe, I.R. 380 im Raum Rastatt und I.R. 390 im Anschluß daran bis Baden-Oos. Während zu dieser Zeit in Polen die ersten großen Schlachten geschlagen werden, gab es im Westen nichts Neues. Die Truppe stand Gewehr bei Fuß. Der Rhein war hier etwa 200 Meter breit, das Altrheingebiet waldig und morastig. Die Besatzungen der Westwallbunker hatten ständig zu tun; denn die Bunker waren zum Teil voll Wasser und mußten frei gepumpt werden. Schießschartenverkleidungen mußten angebracht werden. Einige Bunker waren noch im Rohbau. Auf das allgemeine Schießverbot wurde streng geachtet. Da der Rhein zweimal Hochwasser führte, konnten einige der Bunker nur per Kahn erreicht werden. Die Franzosen hatten es noch schwerer, da ihre Stellungen einen Meter niedriger waren und ihre Bunker noch schneller absoffen. Am 10. Januar 1939 wurde die Division aus der Oberrheinfront herausgelöst und im Raum Bruchsal untergebracht, da für November eigene offensive Maßnahmen aus dem Westwall heraus beabsichtigt waren.
Bis 9. Januar 1940 wurde im Raum Bruchsal – Bretten – Heidelsheim – Flehingen – Zaisenhausen ausgebildet und personell umgestellt. Viele ältere Offiziere, die noch den Ersten Weltkrieg mitgemacht hatten, wurden in die Heimat versetzt. Junge Offiziersanwärter, Unteroffiziere und Mannschaften verjüngten die Truppe. Der junge Ersatz hat sich wider Erwarten gut eingefügt.
Übungen im Regimentsverband, Übersetzübungen mit Sturmbooten, Planspiele, Geländebesprechungen, Übungsmärsche sorgten für eine ständige Verbesserung des Ausbildungsstandes.
Am 3. Januar 1940 wurde die Division wieder in die Westwallbunker um Zweibrücken verlegt. Es war ein bitter kalter Winter und eine erste Gewöhnung an die enormen Schwierigkeiten, die solche Marschbewegungen mit sich bringen. Die Temperaturen lagen tief unter Null. Namen wie Contwig sind vielen unvergeßlich geworden. Und doch sollten diese Strapazen nur eine Vorahnung dessen bedeuten, was im Winter 1941/1942 im Osten über das deutsche Heer hereinbrach.
Die Bunker waren noch nicht ganz fertig. An Schanzen konnte der Kälte wegen vorerst nicht gedacht werden. In dem bis 1.500 Meter breiten Niemandsland entfaltete sich eine rege beiderseitige Spähtrupptätigkeit. Die zuweilen lebhafte französische Artillerie schoß sich auf Zielpunkte ein, vermied es aber, wie auch unsere Artillerie, Stellungen oder Bunker zu treffen. Dies war wie ein ungeschriebenes, von beiden Seiten eingehaltenes Gesetz.

Ausmarsch der Pionier-Kompanie I.R. 380 am 1. September 1939 aus Heilbronn.

Erster Einsatz an der Oberrheinfront im September 1939.

Offiziere erkunden das gegenüberliegende feindbesetzte Rheinufer.

Westwallbunker im Hochsommer am Oberrhein.

Pioniere beim Stegbau am Oberrhein.

Erster Einsatz der 8./435 am Rhein bei Plittersdorf.

Übersetzung an einem Nebenarm des Rheins.

Munitionsunterstand der Artillerie in Hengstbach.

Teile des A.R. 215, pferdebespannt, auf dem Marsch bei Neuleiningen, Februar 1940, die Kanoniere als Bremser.

Die "Schauerschlucht" N.A. 215.

Stellung im Vorfeld bei Zweibrücken noch mit MG 08/15.

Bunkerlinie bei Contwig-Zweibrücken, Abschnitt der 1./380.

Zwei französische Kriegsgefangene, noch unter Schockwirkung.

Westwallbunker südlich Zweibrücken, besetzt durch die 8./435, links im Bild der von Hand zu betreibende Entlüfter.

Artillerie-Feuerstellung in Hengstbach, Januar 1940.

Marsch der Artillerie bei Schneegestöber, Nähe Ottweiler, Batteriechef Hptm. Bauer ist aufgesessen. Ende Januar 1940.

Das II./435 auf dem Rückmarsch von Zweibrücken über den Rhein bei Worms nach Heppenheim.

Armeereserve im Raum Heidelberg
Ende Januar 1940 bis 17. März 1940

Ende Januar wurde die Division als Armeereserve in den Raum Mannheim – Heidelberg – Weinheim verlegt und umgebildet. So wurde das II./380 und das Pi-Bataillon 215 für Neuaufstellungen abgegeben, die Aufklärungsabteilung 215 bis auf die Radfahrschwadron 215 aufgelöst. In den Infanteriebataillonen gab es nun noch drei Schützenkompanien mit je drei Zügen und eine neue MG-Kompanie, die aus den freigewordenen MG-Zügen und der Aufklärungsabteilung gebildet wurden. Aus den Pi-Kompanien der Regimenter entstand das Pi-Bataillon 204. Die Infanterieregimenter wurden durch je einen Infanterie-Pi-Zug und Radfahrzug verstärkt. Diese Ruhezeit wurde dazu benutzt, mit dem aus Mähren kommenden jungen Ersatz in den verschiedenen Kampfarten Verbandsausbildung zu betreiben. Es gab auch Urlaub in die benachbarten Städte.

Division im Raum Heidelberg, Ende Januar 1940.

Geländeübung im Raum Heidelberg, März 1940.

Offiziere besichtigen das Schloß in Schwetzingen, März 1940.

Einsatz im Westwall bei Bergzabern und Pirmasens 17. März bis 10. Juni 1940

Am 17. März 1940 wurde im Westwall abgelöst und zwar in einem Abschnitt des Pfälzerwaldes in der Linie Rechtenbach – Schweigen – Dörrenbach – Bergzabern – Böllenborn – Lindenbronner-Hof – St. Paul. Diese Stellungen waren gut ausgebaut, das Vorfeld vielfach vermint. Verluste gab es bei der regen Spähtrupptätigkeit. Vom feindbesetzten Geisberg über Weissenburg waren unsere Stellungen gut einzusehen. Die französische Artillerie kannte ihre Zielpunkte genau. Beim Friedhof Schweigen wurde am 26. März 1940 am hellichten Tag der erste Gefangene eingebracht.

Am Pfingstsonntag starteten Teile des I.R. 435 das Unternehmen "Weißdorn" und nahmen den französischen Stützpunkt auf dem Kappelstein, den "Starenkasten" weg. Es gab die ersten Auszeichnungen, darunter das EK II für den Funktruppführer Uffz. Hagemaier von der IV./A.R. 215, der den Stoßtrupp begleitet hatte.

Am 19. Mai 1940 besetzten Stoßtrupps das II. und III./380 Weissenburg und drangen bis auf den Geisberg vor. Die französische Artillerie, vor allem aus dem Hochwaldwerk, machte uns viel zu schaffen. Unsere A.R. 215 hatte an diesem schönen klarblauen Sonntag 10.000 Granaten verschossen, der Franzose ein Vielfaches.

Anfang Juni wurde das I. und II./380 sowie Teile des I.R. 435 in den Wäldern und Felsen um Pirmasens gegenüber der Festung Bitsch eingesetzt. Die französischen Alpenjäger, eine Elitetruppe, lieferten uns manches verlustreiche Gefecht. Das I.R. 390 wurde im Pfälzerwald durch ein Festungsregiment abgelöst. Die Stunde des Bewegungskrieges stand auch für unsere Division unmittelbar bevor.

Mit Musik marschiert's sich leichter. Trommler und Pfeiffer begleiten alle Schützenkompanien auf ihren Märschen. Hier die 10./380 auf dem Marsch von Heidelberg nach Bergzabern am 20. März 1940.

Die 10./390 auf dem Marsch zur Front, März 1940.

Funker Scherle von der N.A. 215 an seinem Funkgerät in Klingemünster.

Stehender Spähtrupp der 6./435 im Vorfeld des Westwalls.

Deutsche Feldwache am Weintor in Schweigen. Durchfahrt stark vermint.

Gefechtsvorposten auf dem Wacholderberg vor Weissenburg, gestellt von der 10./380, Mai 1940.

Friedhof Schweigen, Abschnitt der 7./380, unten Weissenburg.

Schlachtfest der 4./A.R. 215 in Birkenhördt, Mai 1940.

Weissenburg, Major Wagner, Kdr. des II./380.

Die 11./435 baut im Pfälzerwald einen Unterstand, Mai 1940.

I.R. 435 in den Pfälzer Bergen.
Von links: Hptm. Schellhorn, Oberst Tafel, Hptm. Maneval, April 1940.

Festungskampffeld des Westwalls bei Oberotterbach im Abschnitt der 1./380.

Westwall bei Oberotterbach.

Geschäftszimmer Divisions-Stab Abt. IIa/IIb.
Von links: Baumann, Schellerer, Mattmann, Geiger.

Der schöne Pfälzerwald bei Neudörfel im Abschnitt des I.R. 380.

Besetzung von Weissenburg, 19. Mai 1940.

Straßensperre in Weissenburg.

Zerstörung in Weissenburg.

Deutsche Landser mit erbeuteten französischen Offiziersmützen in Weissenburg.

Französische Gefangene in Weissenburg, Mai 1940.

Panzertürme der französischen Festung Bitsch.

Waldbrände gab es vereinzelt im Pfälzerwald.
Hier die 7./380 im Löscheinsatz.

Unterstand der 1./380 auf dem Langenberg gegenüber der Festung Bitsch im Juni 1940.

Heldenfriedhof 1939 mit Kriegerdenkmal 1914 - 1918 bei Klingenmünster.

Durchbruch durch die Maginotlinie
19. Juni 1940

Inzwischen waren die deutschen Armeen auf dem rechten Flügel der Front durch Holland, Belgien und Nordfrankreich gestoßen und standen vor Paris.
Der Angriff auf die einige Kilometer von der Grenze entfernt liegenden Befestigungsanlagen der Maginotlinie sollte beginnen. Sorgfältige Vorarbeit war durch Erkundung der Werke und Kampfstände geleistet worden, in kriegsspielmäßigem Durchexerzieren waren die Möglichkeiten für einen Durchbruch durch die Befestigungslinie erwogen und festgelegt worden. Der Befehl zur Bereitstellung zum Durchbruch traf die Division daher nicht unvorbereitet. Am 15. Juni rückten die Einheiten der Division in die ihnen befohlenen Bereitstellungsräume hart nördlich der Reichsgrenze ein. Es wurden bereitgestellt: I.R. 435 rechts, I.R. 380 links, I.R. 390 zur Verfügung der Division im Raum Schönau – Nothweiler. Da nach einem aufgefundenen Feindbefehl der Gegner die Maginotlinie bis auf ein Viertel der Besatzung geräumt hatte, setzte die Armee den Durchbruch durch die Maginotlinie auf den 19. Juni fest. Der Division wurde schwerste Artillerie mit einer Batterie 35-cm- und einer Batterie 42-cm-Mörser unterstellt.
Beschleunigt wurden alle Vorbereitungen durchgeführt. Spähtrupps blieben am Feind. Am 18. Juni erging der Angriffsbefehl: 215. I.D. durchbricht am 19. Juni zwischen Windstein und Mattstall die Maginotlinie, stößt durch den Wald südlich davon und setzt sich als erstes Angriffsziel in den Besitz der Höhen um Fröschweiler. Um nach dem Durchstoßen der Befestigungsanlagen schnell Raum in der Tiefe zu gewinnen, wurde eine Vorausabteilung unter dem Kommandeur der Panzerjäger-Abteilung 215 gebildet, der die Radfahrschwadron 215 und Teile der 3. Pi-Batl. 204 (verlastet) unterstellt werden.
Am 19. Juni begann um 8.00 Uhr das Zerstörungsfeuer der Artillerie nach festgelegtem Zeit- und Zielplan. Um 10.00 Uhr begann der Infanterie-Angriff. Kampfkräftige Stoßtrupps, von Pionieren unterstützt, brachen auf die Befestigungswerke vor. Stukas stürzten sich auf die ihnen befohlenen Ziele und werfen ihre Bombenlast. Volltreffer wurden erzielt, einzelne Werke brannten. I.R. 435 hatte die Befestigungslinie um 12.30 Uhr gegen starken Feindwiderstand durchstoßen und war im Vorgehen auf Mattstall. Die Vorausabteilung wurde in den Raum südlich Disteldorf vorgezogen, um durch die erkämpfte Bresche nachzustoßen. Um 15.45 Uhr meldete I.R. 435, daß Mattstall mit allen Teilen erreicht sei.
Auch I.R. 380 hatte bereits um 13.30 Uhr den Durchbruch nach Niederkämpfen des Feindes erzwungen und stieß auf Nehweiler vor. Der Stoß beider Angriffsgruppen war gelungen, beide befanden sich im Vorgehen mit vorderen Teilen südlich der Befestigungslinie unter Abschirmung der Durchbruchsstellen nach links und rechts. Auftretende Feindziele wurden in vorbildlicher Zusammenarbeit mit der Luftwaffe durch Stuka-Einsätze bekämpft. Die eigene schwere Artillerie hielt besonders feuernde Feindbatterien nieder und erleichterte so das Vorgehen der Infanterie. I.R. 390 wurde zur Verfügung der Division in den Raum Disteldorf nachgezogen.
Um 21.00 Uhr hatte I.R. 435 mit Masse Langensulzbach erreicht, ein Bataillon war bis Fröschweiler durchgestoßen. Da Wörth feindfrei gemeldet wurde, besetzte I.R. 380 noch in den Abendstunden die Stadt.
Um 0.10 Uhr ging ein Funkspruch der Vorausabteilung ein, daß die Abteilung Pfaffenhofen erreicht habe.
Der Durchbruch durch die Maginotlinie war gelungen, die Division hatte ihre erste große Feuertaufe mit Erfolg bestanden.

Durchbruch durch die Maginotlinie, Lage am 19. Juni 1940.

Bereitstellung zum Angriff. Ein schweres MG geht vor Werk 776 in Stellung.

Die "Dicke Berta", ein 42 cm-Geschütz aus dem Ersten Weltkrieg wird feuerbereit gemacht.

Die Artillerie schießt sich auf Werk 776 ein, 18. Juni 1940.

Der Durchbruch zwischen den Werken 776 a und 776 b im Abschnitt des I.R. 380. Ein Gemälde von Kamerad Hopf.

Angriffsziele die Werke 776 a und 776 b.

Das II./380 stößt auftragsgemäß zwischen den Werken 776 a und 776 b auf die Höhe 475 vor.

Gefangene Franzosen vom Werk 776 b rennen um ihr Leben, da von beiden Seiten geschossen wurde.

Noch wird um die Werke 776 a und b gekämpft. Im Hintergrund die Höhe 475.

Die Panzerkuppel des Werkes 776 b.

Panzerwerk 696 der Maginotlinie. Dieses Werk fiel als erstes beim Angriff am 19. Juni 1940.

Ein Werk der Maginotlinie nach dem Angriff.

Ein weiteres Werk hatte sich ergeben.

Im Innern des Hochwaldwerks.

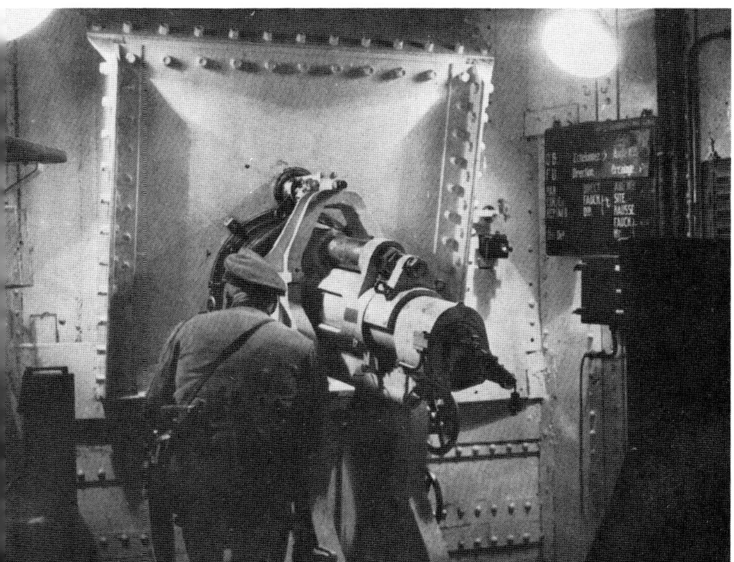

Französisches Festungsgeschütz.

Panzerkuppel des Hochwaldwerkes.

Vormarsch und Waffenstillstand 20. Juni bis 24. Juni 1940

Für den 20. Juni 1940 kam der Befehl, den Gegner in die mittleren Vogesen abzudrängen und sich in den Besitz der Übergänge des Rhein-Marne-Kanals von Hochfelden bis Brumath zu setzen. In den frühen Morgenstunden dieses Tages wurde der weitere Vormarsch in zwei Marschgruppen durch die verstärkten drei Regimenter angetreten. Die Vorausabteilung meldete um 11.30 Uhr, daß die Brücken über den Kanal gesprengt sind. Das Fort Mutzig sollte im Handstreich genommen werden. Der Franzose leistete nur noch vereinzelt Widerstand. Am 21. Juni standen die Angriffsspitzen in der Linie Romannsweiler – Westhofen – Molsheim. Am 22. Juni gab es in Schwarzbach französische Granatwerfer- und MG-Feuer. Auch im Raum Urmatt stieß die Vorausabteilung auf Feindwiderstand. Der Ort war stark besetzt. Das II./435 wurde zum Angriff angesetzt. Das I./435 klärte aus La Rondell nach Süden gegen Oberhaslach auf. Dort wurde ihr Radfahrzug beschossen. Das III./435 kämpfte sich unter Verlusten durch den Wald bei Ringelsthal. Das I. und II. Bataillon konnten im Sturm Urmatt einnehmen. Trotz heftigen Widerstandes konnte der Feind eingekreist werden, wobei viele Gefangene gemacht wurden. Am 23. Juni sollten zwei große Stützpunkte auf dem Donon und bei St. Die angegriffen werden. Doch die Ereignisse überstürzten sich. Der Kommandierende General des 43. französischen Corps hatte zu dieser Zeit schon mit der deutschen Heeresgruppe C die Waffenstillstandsbedingungen festgelegt. Danach sollte Schirmeck von den Franzosen nicht mehr geräumt werden. Parallel dazu erreichten Hauptmann Müller von der 5./435 und Oberstleutnant Parmentier am 23. Juni 1940 in Wisch eine absolute Waffenruhe, die ab 15.00 Uhr in Kraft trat. Das I.R. 380 besetzte noch in der Nacht bis 1.35 Uhr Schirmeck, La Broque und Rothau. Am 24. Juni 1940 ließ der französische Parlamentär seinen Hornisten ein französisches Signal blasen. Ein deutscher Gefreiter blies darauf "Das Ganze Halt".

Am 25. Juni zogen 22.000 Franzosen in die Gefangenschaft, vier Tage lang. Am 27. Juni nahm ein französischer General in Schirmeck salutierend den Vorbeimarsch seiner Regimenter ab. Die Substanz der französischen Armee blieb erhalten, da nicht bis zuletzt gekämpft wurde. Am Sonntag, 30. Juni, schloß ein Dankgottesdienst im Straßburger Münster diese wichtige Etappe des Krieges ab.

65 Kameraden waren seit dem Durchbruch gefallen und fanden ihre letzte Ruhestätte in Mutzig bis zu ihrer Umbettung auf den neuen großen Soldatenfriedhof in Niederbronn.

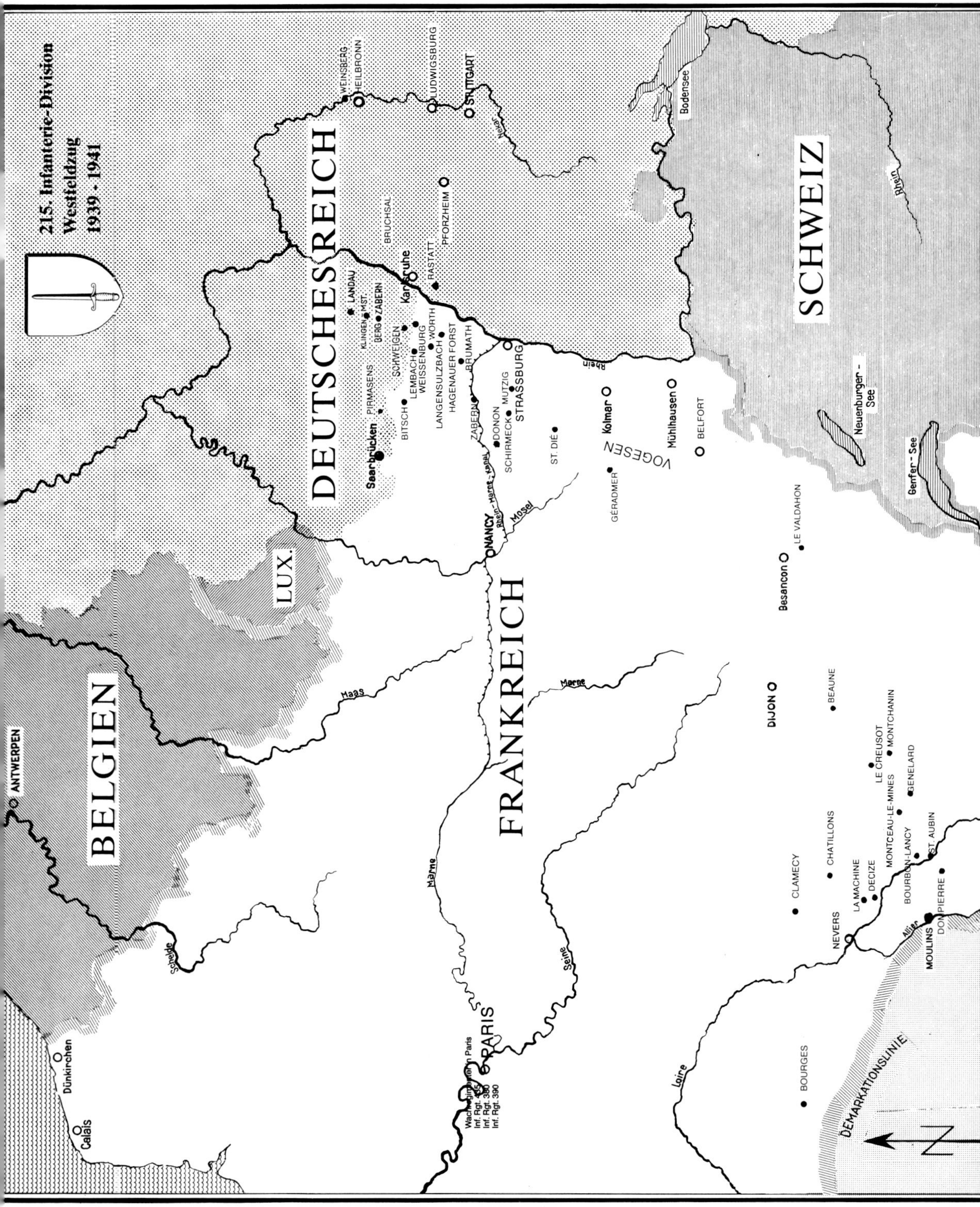

Einsatzorte der 215. I.D. im Westen.

Soldaten der 215. I.D. und gefangene Franzosen in Wörth am 20. Juni 1940.

Oben: Auf dem Vormarsch nach Wörth. Die 7./380 mit Lt. Zeller am 20. Juni 1940.

Elsässer kehren nach Schluß der Kampfhandlungen in ihre Häuser zurück.

Ein 3,7-cm-Pak der 12./435 im Mannschaftszug.

Schäden an einem Haus in Brumath
nach Artilleriebeschuß.

Gesprengte Brücke in Brumath.

Versorgung und Fußpflege während
des Vormarsches in den Vogesen.

Soldaten beim Vormarsch
in den Vogesen, angestrengt
und schweißgebadet.

Rast entlang der Vormarschstraße bei Heiligenberg an der Breusch.

Motorisiert geht der Vormarsch schneller.

Auf dem Fort Mutzig, Männer der 14./435.

Rechts: Gefangene Franzosen marschieren einheitsweise und diszipliniert in die Gefangenschaft. Drei Nonnen am Wege schauen in verhaltener Spannung zu.

Oben: Divisions-Nachschub-Kolonne 215.

Sanitätskompanie 215, mit Rotkreuz - Armbinden gekennzeichnet.

Das Ganze Halt! Ein ergreifendes Signal. Am 24. Juni 1940.

Ein französischer Offizier bei den Kapitulationsverhandlungen.

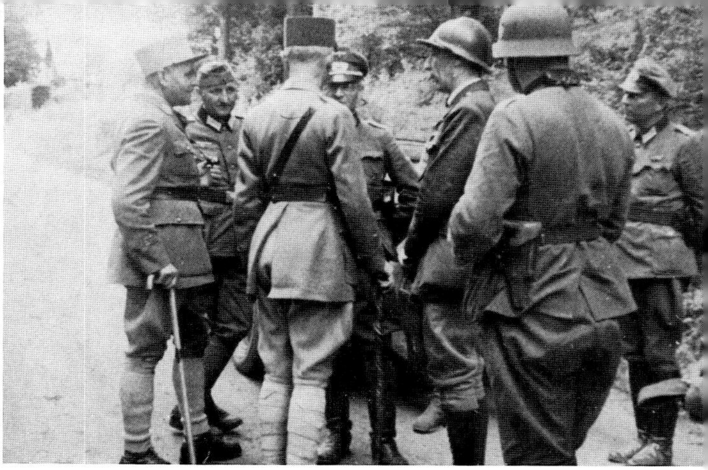

Kapitulationsverhandlungen auf dem Donon mit dem 43. französischen Corps am 24. Juni 1940 mit Major Heinzelmann Kdr. I./380, Oblt. Forschner I./380, Hptm. Hoffmann 1./380, Lt. Nietzer Stab I.R. 380 und dem Kommandierenden General des 43. französischen Corps.

Die Kapitulation auf dem Donon. Von links: Lt. Brenner, Oblt. Bachmann, Major Wagner, Zahlm. Kull, alle I.R. 380.

Der endlose Marsch in die Gefangenschaft.

Vorbeimarsch französischer Gefangener vor ihrem General in Lützelhausen.

Für sie war der Kampf zu Ende.

Erbeutete Waffen, Geräte und Fahrzeuge in Schirmeck.

Ein französisches Beutegeschütz in den Vogesen.

Deutscher Soldatenfriedhof in Mutzig.

Besatzungszeit
Juli 1940 bis Oktober 1941

Die Division verblieb zunächst im Unterelsaß und betrieb eifrig Ausbildung und Schießen im scharfen Schuß. Es gab auch Gelegenheit, dieses herrliche Land in Ausflügen näher kennen zu lernen. Am meisten freute man sich auf den ersehnten Heimaturlaub. Mitte Oktober wurden viele Soldaten für wehrwichtige Betriebe "uk" gestellt, ein Aderlaß vor allem von Fachkräften, der nur mühsam durch jungen Ersatz aus Mähren ausgeglichen werden konnte. Es war notwendig, auch diese neuen, unerfahrenen Männer schnell einsatzbereit zu machen.
Im Sommer gab es auch Kommandos zur Heuernte, um den eigenen Bedarf zu decken und auch an die Zivilbevölkerung abzugeben. Im Oktober/November 1940 lag die Division im Raum Belfort, Offremont, Hericourt, Chevremont und ab 1. Dezember 1940 wurde sie an der Demarkationslinie zwischen dem besetzten Frankreich und Restfrankreich eingesetzt. Die neue französische Regierung hatte sich nach der Kapitulation unter Marschall Petain in Vichy etabliert.
Der Divisionsstab lag in Moulins sur Allier. Bei der Ausstellung der "Laissez-passer" für den kleinen Grenzverkehr verfuhr man großzügig. Ab Mitte 1941 wurden wir im Grenzwachdienst durch den Zollgrenzschutz abgelöst, was wir begrüßten. Damit begann für die Division die Zeit der großen, anstrengenden Übungen im Bataillons- und Regimentsverband. Auch die Offiziersausbildung wurde forciert. Dazwischen gab es Ausflüge an die Loire-Schlösser, nach Paris, Straßburg oder gar an die Küste. Im Divisionsbereich Moulins – St. Aucin – Dompierre – Nevers lagen die Industriezentren La Machine und Le Creusot mit riesigen Fabrikhallen. Der Kontakt zur Bevölkerung war auch hier gut und freundlich. Auch der Sport kam nicht zu kurz, wie das große Divisions-Sportfest in Moulins vom 19. bis 21. Juni 1941 zeigte.
Schon am nächsten Tag, dem 22. Juni 1941, begann die Offensive im Osten.

Wertvoller, junger Ersatz für die I./N,A, 215 aus Budweis, Böhmen, Juli 1940.

Schöne Kommandos waren die Heuernte-Einsätze im Sommer 1941. Verpflegt wurde aus der Feldküche.

Regimentsstab 435 im Herbst 1941. Von links: Oblt. Schirmer, Stellungsoffizier, Musikm. Schmidt, Hptm. d. L. Breuninger, Verpflegungsoffizier, Regts-Vet. Müller, Oberst Tafel, Regts.Kommandeur Oblt. d. R. Maneval, Regt.Adj. Hptm. d. L. Haag, Ord. Offizier Hptm. d. L. Schellhorn, Nachrichtenoffizier, Oblt. Brandt, Stabskompanie.
Bis auf die Offiziere der Landwehr haben alle am Ostfeldzug teilgenommen.

Der Löwe von Belfort, das Wappen der aus dem vorigen Jahrhundert stammenden französischen Festung.

Die Fahnenschmiede hatten immer viel zu tun. Hier beim Pi.-Btl. 204.

Der 18. Oktober 1940 ein denkwürdiger Tag in der Geschichte der Division: Drei Generalfeldmarschalle schreiten in Belfort die Front der Ehrenkompanie der Division ab: Generalfeldmarschall v. Brauchitsch, links dahinter Generalmajor Knieß, Kdr. 215. I.D., Generalfeldmarschall Leeb, hinter ihm rechts verdeckt Oberst Frhr. v. Ow-Wachendorf, Kdr. I.R. 380 und links Generalfeldmarschall v. Witzleben.

Erste Flaggenhissung auf der Löwenfeste Belfort.

Eine pferdebespannte schwere Feldhaubitze bei der Verlegung in Taon im Oktober 1940.

Schießplatz Nolay im April 1941. Es schießt die 14./380.

Demarkationslinie bei Moulins, Männer der 2./N.A. 215.

An der Demarkationslinie bei Dompierre, Januar 1941.

Stab des I.R. 380 im Sommer 1941. Von links: Lt. Faber, Hptm. Speidel, Lt. Wolpert, Hptm. Stetter, Obvet. Dr. Böpple, Oberst Frhr. v. Ow-Wachendorf, Lt. Nietzer.

Brückenwache an der Loire, Juli 1941.

Ein gutes Gespann auf der Straße nach Chatillon nördlich La Machine.

Wache an der Loire bei Le Fournau, 1941.

Schlächtereikompanie bei der Arbeit im Schlachthof in Nevers.

Das III./390 verpflegt aus der Feldküche während einer Bataillons-Übung. In der Mitte hinten Major Lang, später als Generalleutnant im Osten gefallen.

Übersetzübung bei St. Aubin an der Loire.

Die 14./390 auf dem Schießstand in Nevers im September 1941. Vorne: Lt. Schall.

Radfahrzug 380 auf Übungsmarsch.

Divisions-Sportfest in Moulins, Juni 1941.

Der 3 000 Meter-Lauf.

Die Siegermannschaft im Fußball der 1./390 in Moulins am 19. Juni 1941.

Paris 1941

Die Hauptstadt Frankreichs mit rund drei Millionen Einwohnern und seinen vielen kulturellen Einrichtungen, dem einmalig schönen Stadtbild und den unzähligen Kunstdenkmälern war für alle in Frankreich liegenden Truppen schon immer ein Magnet. Zur Aufrechterhaltung der Ordnung waren ständig drei Infanterie-Regimenter von drei verschiedenen Divisionen in Paris eingesetzt. Es gab bestimmte Wachgebiete und Aufgaben. Alle drei Tage marschierte eine Wachkompanie feierlich vom Arc de Triomphe die Champs Elysées hinab, über die Place de la Concorde zur Kommandantur. Ab Sommer 1941 stellte jeweils ein Regiment unserer Division ein Wachregiment, beginnend mit I.R. 435, I.R. 380 und I.R. 390. Dieser Dienst wurde als eine besondere Auszeichnung betrachtet. Wenn die Wachkompanie mit klingendem Spiel in Paris durch die Straßen marschierte, war es immer ein Schauspiel, das unzählige Neugierige anzog. Von der Möglichkeit, die vielen Museen und Kunstdenkmäler zu besuchen, aber auch die Kabaretts kennen zu lernen, wurde reichlich Gebrauch gemacht. Leider mußten für die deutschen Soldaten in Paris ab Ende Juni 1941 besondere Sicherheitsvorkehrungen getroffen werden, da infolge der Offensive im Osten die vollkommen friedliche Zeit endgültig vorbei war. Die "Resistance" führte ihre ersten Anschläge aus. Die Sperrstunden wurden vorverlegt und außer den Wachkompanien, die die Champs Elysees hinabdefilierten, marschierten feldmarschmäßig ausgerüstete Kompanien mit Geschützen durch die Straßen, um der Bevölkerung der Stadt die militärische Macht der deutschen Besatzung zu demonstrieren. Trotzdem war es eine schöne Zeit, die wir hier erleben durften und nur allzubald fiel die Entscheidung für einen neuen Einsatz der 215. Infanterie-Division.

Die 6./435 im Juli 1941 in Paris. Marsch durch den Triumphbogen zu den Champs Elysees.

Stab des III./390, Herbst 1941.

Fahrzeugkontrolle an der Barriere in der Avenue de La Grande Armee. Auf dem Beiwagen unser Divisionszeichen "Schild und Schwert" August 1941.

Parade der 12./390 am 13. Juli 1941.

I.R. 380 als Wachregiment, Sommer 1941.

An einem Sonntag im August 1941 mit dem B-Krad in Paris unterwegs. Lt. Wolpert, auf dem Rücksitz Uffz. Sigling.

Moulin Rouge.

Abends im Tabarin, April 1941.

Pantheon.

Im Innern des Pantheon.

Spielleute des II./390, im Hintergrund der Eiffelturm.

Die Conciergerie.

Hptm. Speidel, Rgt.Adj. I.R. 380, vor der Notre Dame, September 1941.

Wegweiser an der Oper.

Spielmannszug und Musikkorps des Regiments 380 in Paris. Tambourmajor Uffz. Mayer und Obermusikmeister Szyszynski.

Demonstrationsmarsch über Place de la Concorde-Marineministerium-Madeleine, September 1941.

Verlegung nach Rußland
Oktober bis November 1941

Das I.R. 380 wurde am 1. Oktober 1941 als einziges Regiment der Division auf den Truppenübungsplatz Le Valdahon in der Nähe der Schweizer Grenze verlegt, um dort Verbandsausbildung zu betreiben. Der Abschluß war ein Geländeschießen im Bataillonsrahmen. Generaloberst Blaskowitz lobte in einer abschließenden Besprechung die Leistungen, warnte aber davor, Gerüchten zu glauben, daß der Krieg im Osten bis Weihnachten vorbei sei. Mit großem Ernst wünschte er der Division, daß beim bevorstehenden Einsatz im Osten der Blutzoll nicht zu hoch sein möge. Am 15. November 1941 kam der Marschbefehl. Der Abtransport rollte zügig ab, wobei 65 Züge eingesetzt wurden mit einer Fahrzeit von durchschnittlich einer Woche, weil die Pferde zwischendurch bewegt werden mußten, aber auch weil infolge von Fliegerangriffen Strecken blockiert und Umleitungen notwendig wurden. Nach dem schönen Ostpreußen und den baltischen Ländern erlebten wir die weite russische Winterlandschaft. Die motorisierten Teile wurden bereits an der deutsch-litauischen Grenze ausgeladen und erreichten im Landmarsch das Ziel Tschudowo. Die Straßen waren durch Tauwetter in einem schlechten Zustand. Die Infanterie wurde in Tschudowo ausgeladen, wo es 40° unter Null hatte. Die Stadt war strategisch wichtig wegen der Brücke über den Wolchow und der Verbindungsstraße Leningrad – Tichwin. Unterwegs begegneten wir den ersten Lazarettzügen Richtung Heimat, die aber die gute Stimmung der jungen Soldaten nicht allzusehr trüben konnte.

Generaloberst Blaskowitz verabschiedet im Oktober 1941 auf dem Truppenübungsplatz in Le Valdahon in Frankreich das I.R. 380. Im Hintergrund Oberst Frhr. v. Ow-Wachendorf.

Verladung nach Rußland, einer der 65 Transportzüge.

Flugwache während des Transports, gestellt von der 3./Pi. 204.

Am 1. Dezember 1941 wird das III./435 verladen.

Für die vielen Zug- und Reitpferde wird Heu verladen.

Flieger-MG in Stellung, unterwegs nach Rußland.

Vor dem Waggon des Regimentsstabes, Schlangenstehen zum Essenfassen.

Die Weite des estnischen Landes im Winterkleid.

Der Zug hält auf einer litauischen Bahnstation.

Kleiner Handel auf einem Bahnhof im schneebedeckten Lettland.

Verpflegungsempfang auf der Fahrt nach Rußland.

Markt in Pleskau, November 1941.

Die Kathedrale von Pleskau.

Erster Einsatz südlich Tichwin Ende November bis 23. Dezember 1941

Am 16. Oktober 1941 hatte das IX. A.K. einen Vorstoß nach Osten gemacht und am 8. November 1941 Tichwin genommen. Einzige Versorgungsstraße war die Rollbahn Tschudowo – Budogotsch – Tichwin, die durch dichten Wald, Sumpf und Morast führte. Durch diesen Vorstoß und die Sperrung der Bahnlinie Wologda – Wolchostroy wurde der Lebensnerv Leningrads getroffen. Deshalb griff der Russe die rechte offene Flanke von rund 100 Kilometern ständig an und schuf für das Armee-Korps eine von Tag zu Tag bedrohlicher werdende Lage.
Am 24. November 1941 wurde die Division der 16. Armee unter Generaloberst Busch unterstellt und anschließend regimentsweise über Tschudowo – Grusino eingesetzt.
Das III./I.R. 380 wurde sofort nach seiner Ausladung in Tschudowo ostwärts des Wolchow als erste Einheit der Division bei Meschnik eingesetzt und hatte durch Fliegerangriffe die ersten Ausfälle.
Am 26. November 1941 griff die 10./I.R. 380 mit Unterstützung von fünf Panzern an, stürmte den Panzergraben zwischen Osernja und Meschnik und warf ein russisches Bataillon zurück. Das III./380 übernahm die Verteidigung dieses Abschnittes und löste Einheiten der hamburg. 20. Infanterie-Division mot. ab.
Erbitterte Kämpfe gab es an der Naht zur 126. Infanterie-Division bei Weretje, wo das I./435 im Rahmen dieser Division nach einem beschwerlichen Fußmarsch von 25 Kilometern über Griadj – Gorneschno eingesetzt wurde.
Am 14. Dezember 1941 war das Bataillon ganz eingeschlossen und konnte nicht mehr versorgt werden. Ein Stoßtrupp des III./380 kämpfte sich nach Weretje durch, wo mit dem I./435 Verbindung aufgenommen werden konnte, das nur Funkverbindung zur 126. Infanterie-Division hatte. Die Versorgung erfolgte durch die Luft. Oblt. Seibold, der damalige Chef der 3./435, berichtet, daß manche der Verpflegungsbomben "für die Gegenseite gedacht waren, einige aber auch auf unseren Abschnitt fielen". Ein Gegenangriff der Radfahrschwadron 215 und von Teilen der 126. Infanterie-Division blieb im Minenfeld vor Weretje hoffnungslos liegen. Der 11. und 12./390 gelang es, als linker Flankenschutz durch brusttief verschneite Mulden das stark verteidigte Minenfeld zu umgehen und nach einem überraschend geglückten Einbruch in blutigen Nahkämpfen die feindlichen Stellungen aufzurollen und Weretje mit der Masse der eingesetzten Truppen fast kampflos zu erreichen. Mit drei Panzern voraus, dahinter die Krankenwagen, Infanterie und Pak räumte das Bataillon 435 Weretje.

Die Bilanz nach dem neuntägigen Einsatz war sehr blutig: von 599 Mann Ausgangsstärke verblieben nach den Kämpfen nur noch 220 Köpfe. Der Gefechtsbericht des Chefs der 3./435 galt in diesen Wochen für alle Einheiten der Division: unklare Feindlage, große offene Flanke zum rechten Nachbarn, Überfälle auf die Versorgungsfahrzeuge, ständige Einbrüche und die Notwendigkeit eigener Gegenstöße,

Munitionsverknappung, da die Nachschubwege oft unterbrochen wurden, riskante Versorgung aus der Luft, knietiefer Schnee, plötzlicher Kälteeinbruch auf minus 40°, keine Winterausrüstung, viele Erfrierungen, kein Winteröl für die Waffen, dazu morastiges Gelände, dichter Wald, ausgedehnte Sumpfgebiete, die weder einen Einsatz der Panzer noch der Infanterie ermöglichten, und ungewöhnlich hohe Verluste, vor allem auch unter den Offizieren. Die Funkgeräte waren oft die einzige Verbindung aus der Einschließung heraus.
In den Tagen zwischen dem 10. und 14. Dezember 1941 mußte auch Tichwin aufgegeben werden. Die freigewordene 61. Infanterie-Division wurde linker Nachbar der Division.
Die Rückverlegung hinter den Wolchow wurde immer dringlicher. In weiser Lagebeurteilung wurde aller nicht unbedingt benötigter Troß über den Wolchow zurückgeführt und zwar ab 18. Dezember 1941. In diesen Tagen mußte sich das II./390 bei Dubrowa gegen starke, mit Panzern vorgetragene Angriffe erwehren. Der Ort konnte nicht gehalten werden. Ähnlich erging es dem III./390, wo A.R. 225 mit einer schweren Batterie feindliche Panzer vernichtete und den Rückweg aus Lashino freischoß. An vielen Stellen, wo man es wegen der Geländeschwierigkeiten überhaupt nicht vermutete, war der Feind durchgesickert und überfiel rückwärtige Teile der Division. Während das I.R. 390 fast planmäßig seine neuen Stellungen hinter dem Wolchow beziehen konnte, spitzte sich die Lage beim I.R. 380 bedrohlich zu. In Gladj mußte sich das Regiment einigeln. Bei Obuja stieß die 11./380 auf ein russisches Bataillon, das sich in Marschordnung in Richtung Grusino bewegte. Das I./380 kam rechtzeitig zu Hilfe und kämpfte die Rückzugsstraße frei.
Am 21. Dezember 1941 wurde das II./380 und die 13./380 im Wald zwischen Rachmyscha und Gladj überfallen. Fast der ganze Troß wurde hierbei vernichtet.
Die vom Feind besetzte Höhe Bolschewik unmittelbar vor Grusino wird kein 380er jemals vergessen können. Am Ortsrand von Grusino beobachtete der Divisions-Kommandeur die kritische Lage des I.R. 380, hielt eine mit Panzern aus Richtung Tichwin zurückfahrende Kompanie des Führerbegleitbataillons an und setzte sie bei der Höhe Bolschewik ein. Wie auf dem Truppenübungsplatz schossen die Panzer den Feind beiderseits der Rückzugsstraße zusammen und machten den Weg für das I.R. 380 und die I./A.R. 215 frei.
Als in der Nacht vom 22./23. Dezember 1941 alle Teile der 215. Infanterie-Division den Wolchow nach Westen überquert hatten, atmete der Divisions-Kommandeur auf. In wenigen Wochen hatte die Division fast 100 Feindangriffe bis Regimentsstärke und viele Stoß- und Spähtrupps abgewehrt und dabei noch zwölf Angriffe zur Verbesserung der eigenen Stellungen durchgeführt neben vielen Stoßtruppunternehmen zur Klärung der Lage.
Die 215. Infanterie-Division kämpfte in diesen Tagen gegen gut ausgeruhte sibirische Elitetruppen in einem beginnenden Winter ohne Gnaden, wie es ihn seit Jahrzehnten nicht mehr gegeben hatte.

Karte der Einsätze der 215. I.D. im Ostfeldzug.

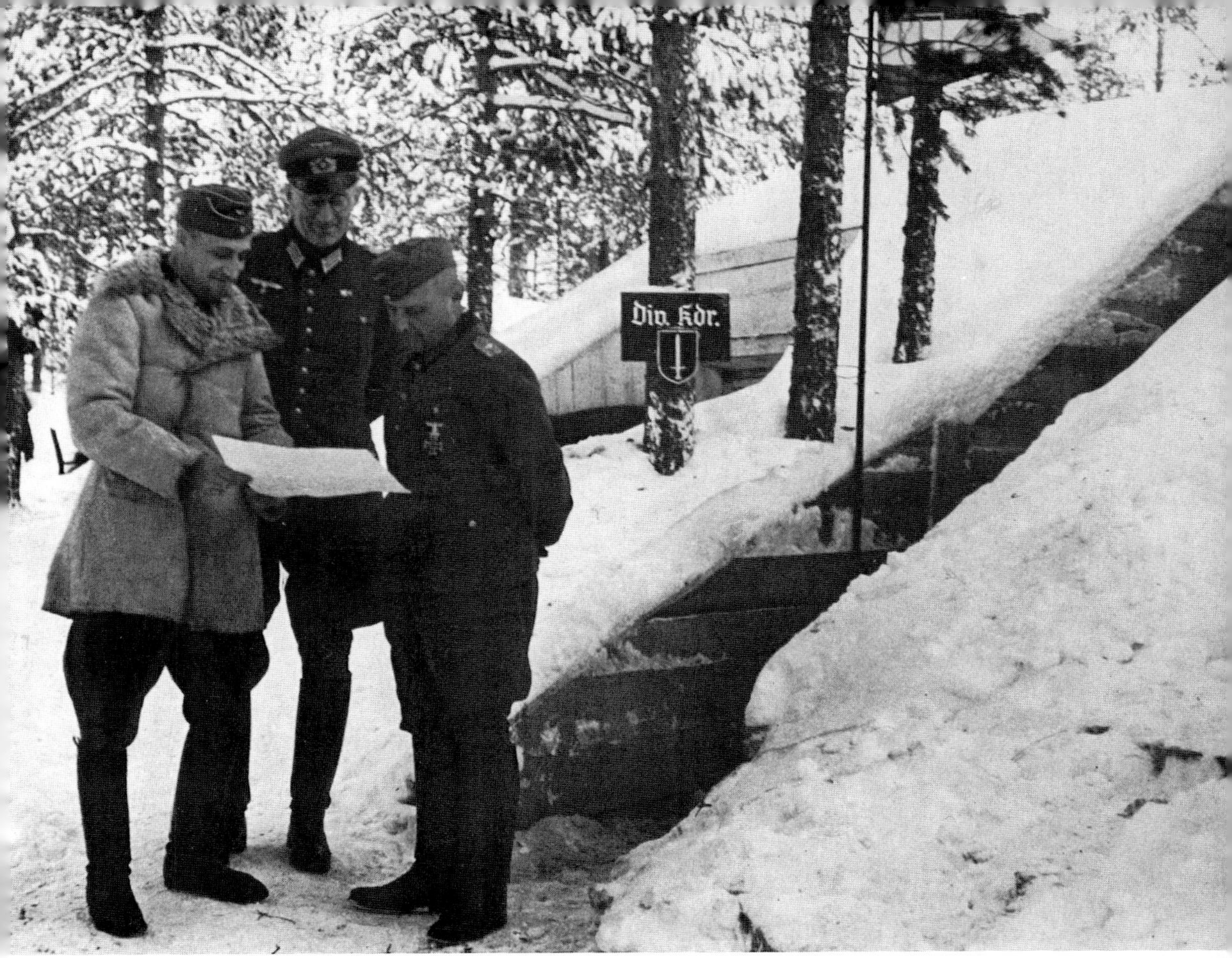

Divisionsgefechtsstand südlich Tschudowo, Dezember 1941. Rechts: General Kniess, links der Ia, Major i. G. Schelm.

Vormarsch nach Tichwin, Pi.Btl. 204.

Vormarsch nach Tichwin, Pi.Btl. 204 beim Anbringen von Drahtverhau.

Wolchowbrücke bei Grusino, November 1941.

Rast im dichten Wald. Pi.Btl. 204 auf dem Vormarsch nach Tichwin.

Unterstand in Ramenje, beim II./380, Dezember 1941.

Bahnhof Tschudowo nach russischem Fliegerangriff.

Russinen holen Wasser in Rachmysha.

Rachmysha, Straße nach Lukinskoje.

Wegweiser nach Rachmysha.

Die "Banja" (Sauna) in Rachmysha.

Deutsche Soldatengräber in Osernja, Dezember 1941.

Nach dem russischen Überfall auf das II./380. Die Reste der vernichteten Troßkolonne entlang der weiten Rückmarschstraße Meschnik – Grusino, 22. Dezember 1941.

Ausbruch aus dem Einschließungsring bei der Höhe Bolschewik, 22. Dezember 1941.

Panzer des Führerbegleitbataillons ermöglichten den Durchbruch des I.R. 380 nach Grusino über die Höhe Bolschewik.

MG-Schützen der 6./435 sichern am Wolchow.

Russische Wasserversorgung im Winter.

MG-Stellung. Eine Leuchtkugel erhellt das Vorfeld, Dezember 1941.

Pionierbrücke über den Wolchow bei Grusino. Sie war für den Rückzug aus dem Raum Tichwin mit entscheidend.

Divisionsarzt Oberstarzt Dr. Attorner in Tschudowo.

Schreibstube des Divisionsarztes in Tschudowo, Dezember 1941.

Ein Wasserloch im tief zugefrorenen Bach.

Deutsches Eisenbahngeschütz in Feuerstellung bei Tschudowo.

Winterschlacht am Wolchow
Dezember 1941 bis April 1942

Die Kämpfe am Wolchow im Winter 1941/1942 zählen mit zu den schwersten an der Ostfront und sind mit dem Namen der 215. Infanterie-Division eng verbunden. Sie schufen den Begriff des "Wolchowkämpfers". Das Einrücken in die neuen Abschnitte hinter dem Wolchow brachte für alle Teile der Division große Enttäuschungen. Die vielleicht einmal vorhanden gewesenen Kampf- und Unterstände waren durch den anhaltenden ungewöhnlich starken Schneefall, der eine Durchschnittshöhe von 1,40 Meter erreicht hatte, unauffindbar. Die durch die Abwehrkämpfe und die Märsche im hohen Schnee erschöpfte Truppe mußte sich mit den primitivsten Notbehelfen begnügen. Hatte man gehofft, den von der Truppenführung vorsorglich für das Weihnachtsfest bereitgestellten Gänsebraten in Dosen in Ruhe genießen zu können, so sah man sich hierin bitter getäuscht. Denn zunächst galt es, das unübersichtliche Sumpfgelände hinter dem Wolchow, in dem nun der Abschnitt der Division lag, von vielen, schon vor dem Einrücken der Division eingesickerten, kampfkräftigen Feindteilen zu säubern. Nach Gefangenenaussagen handelte es sich hierbei um Kräfte in Stärke von 1.500 Mann, die nachts aus der Luft versorgt wurden. Nur der Zähigkeit und dem unerschrockenen Angriffsgeist aller eingesetzten Teile, einschließlich der Versorgungstruppen, die sich mit ihren Trossen oft durch starken Feind nach vorne kämpfen mußten, ist es zu danken, daß bis zum 11. Januar 1942 die Säuberungsaktion hinter der Front als beendet angesehen werden konnte. Dabei griff der Feind dauernd an den verschiedensten Stellen der Front an, aber alle Vorstöße wurden abgeschlagen.

Noch in diese Säuberungsaktion hinter der eigenen Front hinein setzte der erste Großangriff der inzwischen herangeführten 2. russischen Stoßarmee ein. Diese Armee war in aller Stille weit hinten im asiatischen Rußland aus besten Elitetruppen aufgestellt und im Winterkrieg in unübersichtlichem Gelände geschult worden. Ihre Winterausrüstung war vollkommen und nach langjährigen Erfahrungen zusammengestellt. Nach einem schlagartigen, sehr starken Feuerüberfall am Nachmittag des 7. Januar trat der Feind in sechs sich kurz hintereinander folgenden Wellen gegen die Naht der 215. und der rechts von ihr eingesetzten 126. Infanterie-Division an. Der vor der eigenen Stellung liegende breite, mit einer 1,40 Meter dicken Eisdecke versehene Wolchow bot ein sehr gutes Schußfeld, gestattete andererseits aber auch dem Gegner, seine Panzer über den Fluß zu bringen, ohne Gefahr zu laufen, mit ihnen einzubrechen. Aus den von dem starken Feuerschlag verschont gebliebenen Kampfständen schossen die MG-Schützen was die Rohre bei 37° Celsius hergeben wollten. Unter sehr starken blutigen Verlusten für den Feind wurden alle Angriffe abgeschlagen. Trotzdem wiederholte der Russe seine Vorstöße in unverminderter Stärke und Heftigkeit sowohl in der Nacht als auch am 8. und 9. Januar. Aber auch diese Angriffe brachen unter ungewöhnlich hohen blutigen Verlusten des Feindes ergebnislos zusammen. Bis zum 13. Januar blieb es dann verhältnismäßig ruhig. Zwar fühlte der Gegner immer wieder mit Späh- und Stoßtrupps, oft auch in sehr kampfkräftiger Form, gegen die gesamte Front der Division vor, aber die sich hieraus entwickelnden Kämpfe standen in keinem Vergleich zu denen der voraufgegangenen Tage.

Der 14. Januar 1942 begann jedoch wieder mit einem Trommelfeuer, wie es die Division bisher noch nicht erlebt hatte. In dichten Zusammenfassungen legte der Gegner schweres Feuer auf alle taktisch wichtigen Geländepunkte und Abschnitte. Dann brach erneut Welle auf Welle gegen die Naht zwischen den beiden Divisionen vor. Bis in den Nachmittag hinein wogte der von Schlachtfliegern und Panzern unterstützte Kampf. Während der eigene rechte Flügel auch diesen schwersten Angriffen bis auf geringe Geländeverluste standhielt, gelang es dem Gegner, beim rechten Nachbarn den angestrebten Einbruch zu erzielen. Die Verbindung zur 126. Infanterie-Division riß! Sofort eingeleitete Gegenangriffe zur Wiederherstellung der Verbindung scheiterten an der zahlenmäßigen Schwäche der dafür zur Verfügung stehenden Kräfte. Die Division sah sich gezwungen, ihren eigenen rechten Flügel umzubiegen und in die Tiefe zu verlängern. Das ging nicht ohne scharfes Nachdrängen des Gegners vor sich. Heftige Kämpfe entwickelten sich im "L"-Wald und westlich Bor. Die durch den Einbruch bei der Nachbardivision gefährdete tiefe Flanke der Division wurde bis an die Rollbahn in einer provisorisch angelegten Linie verteidigt.

In der Zwischenzeit wurde ununterbrochen versucht, den verlorengegangenen Anschluß an den rechten Nachbarn wiederherzustellen. Schwerste Kämpfe spielten sich ab. Während sich der Einbruchsraum bei der 126. Infanterie-Division von Tag zu Tag vergrößerte und der Einbruch zu einem Durchbruch wurde, hatte der zurückgebogene rechte Flügel der Division mit seinem Eckpfeiler Spaskaja Polistj allen weiteren Angriffen standgehalten, doch müssen die erschöpften Einheiten immer wieder durch Zuführung neuer Reserven gestärkt werden, so daß für einen wirksamen Angriff zur Schließung der Lücke eigene Kräfte bald nicht mehr zur Verfügung standen. Spaskaja Polistj blieb der Ausgangspunkt für alle Versuche, die Lücke mit Kräften der Armee angriffsweise zu schließen. Die Augen der gesamten Nordfront waren auf Spaskaja Polistj gerichtet: Gelang es dem Russen, seinen Durchbruch hier zu erweitern, um Raum zum Nachführen starker Reserven zu schaffen, dann hätte für die Wolchowfront die Gefahr der Einkesselung, für die Leningradfront aber der lebensgefährliche Stoß in den Rücken und damit mit großer Wahrscheinlichkeit die Möglichkeit des Entsatzes von Leningrad bestanden.

Welche Bedeutung gewann doch das bald zu einem allgemeinen Begriff gewordene "B.W.", das so heiß umkämpfte Bahnwärterhäuschen südostwärts Spaskaja? Unvergessen bleibt die tapfere Verteidigung von Mostki und Ljubino Pole, deren Besatzungen eingekesselt und voll auf sich selbst gestellt, nur durch Funk mit der Division verbunden, bis zu ihrem Entsatz allen Feindangriffen standhielten und durch ihr Aushalten mit entscheidend dazu beitrugen, daß das Loch zwischen den Divisionen eng blieb und das Nachführen von Feindreserven erschwert wurde. Niemand, der nicht an diesen Wintertagen dabei war, kann ermessen, was es heißt, bei Temperaturen bis zu -52° Celsius, als selbst das Brot zu Eisklumpen gefror, die Gewehrschlösser sich nur mit Mühe bewegen ließen, die Ketten der wenigen deutschen Panzer klirrend im Frost zerbrachen, gegen einen vielfach überlegenen Feind zu kämpfen, der mit hervorragend guter Winterbekleidung und anscheinend unerschöpflichen Reserven an Menschen und Material ausgestattet war! Den Ruhm, trotz allem, trotz aller Unbilden, ausgehalten zu haben, und so die Voraussetzung für eine spätere Bereinigung der Lage am Wolchow geschaffen zu haben, teilen sich alle eingesetzt gewesenen Verbände, Offiziere und Mannschaften und nicht zu vergessen unsere braven Pferde vor den Protzen und aus den Kolonnen, die ohne ausreichende Rationen bis zum Umfallen ihre Pflicht taten!

Wechselvoll verlaufen die Kämpfe um die Riegelstellungen in der rechten Flanke der Division. Feindverbände tauchen im rückwärtigen Divisionsgebiet auf, Veterinär-Kompanie und Trosse müssen sich ihrer Haut wehren. Es gibt keinen Mann mehr im ganzen Divisionsbereich, der nicht in der HKL oder in den Rundumverteidigungen der rückwärtigen Unterkunftsräume eingesetzt ist.

Am 5. Februar bricht der Gegner mit zwei Regimentern durch die schwache Stützpunktlinie der Riegelstellung an der rechten Flanke der Division durch. Nach heftigen Kämpfen gelingt es, die Front hinter dem durchgebrochenen Feind wieder zu schließen und die Feindteile einzukesseln. Entlastungsangriffe von außen und

Fortsetzung Seite 87

Die Gefallenen des III./I.R. 380 vom Weihnachtstag 1941, 44 Grabkreuze, darunter vier Offiziere, am Waldrand bei Salosje.

Stellung und Unterstand auf Swanka. Am Horizont Dymno und rechts der "Kastenwald", Januar 1942.

Stoßtrupp in Schneehemden im Kastenwald bei Dymno, vorne Lt. Wild.

Männer der 3./435 machen sich zum Einsatz fertig.

Soldat Manz von der 14./435 demonstriert, wie er sich gegen Erfrierungen schützte: aus einem Stück gewobene Filzstiefel eines gefallenen Russen und eine gesteppte Winterjacke, die ihm ein sterbender SS-Mann, der bei Spaskaja schwer verwundet war, vor seinem Tod vermacht hatte.

Lkw und Panzer auf der Rollbahn nach Spaskaja.

Ein russisches Dorf an der Rollbahn Tschudowo – Spaskaja.

Auf Spähtrupp.

Stellung im Kastenwald nördlich Swanka, Januar 1942.

Blick von Swanka auf Dymno und Kastenwald, Januar 1942.

Ruine der Kirche auf Swanka, Januar 1942.

Stellung zum Wolchow. Im Hintergrund Kloster Swanka, Januar 1942.

Am Wolchow geht eine deutsche Leuchtkugel hoch.

Stellung am Wolchow.

Eine schwere Feldhaubitze 18 cm bei Sloboda hinter dem Wolchow, Februar/März 1942.

Ein MG-Stand an der Wolchowfront.

Die Schneelaufgräben von Dymno nach Swanka mußten der starken Verwehungen wegen jede Nacht freigeschaufelt werden. Am Tag lagen sie unter Feindeinsicht und Beschuß.

Männer der Panzerjäger-Abteilung 215 auf Spähtrupp.

Eine Feuerstellung der 10./(schweren) A.R. 225 in Sloboda östlich Tschudowo, Ende Januar 1942.

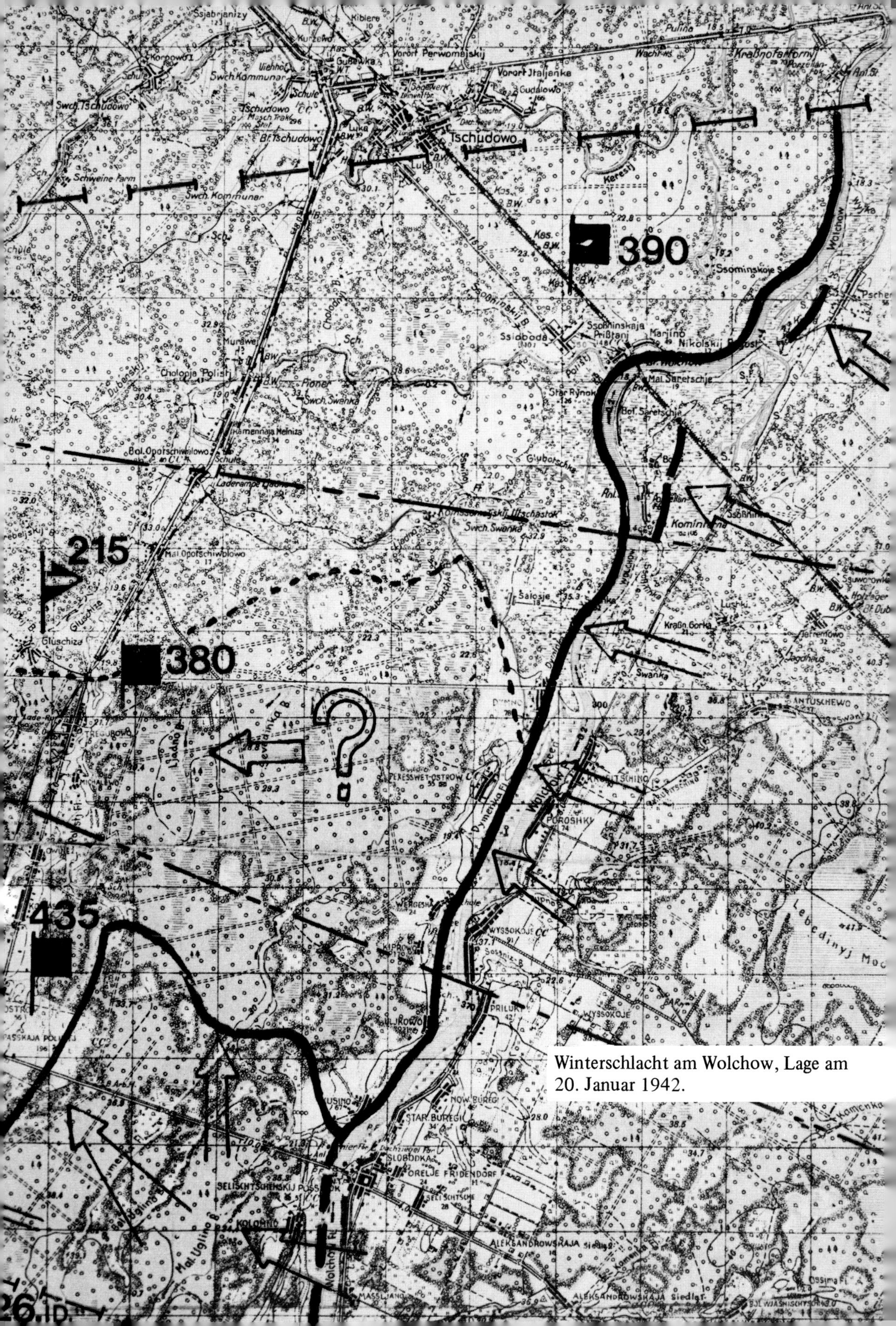

Winterschlacht am Wolchow, Lage am 20. Januar 1942.

Ein Fliegerabwehrposten der N.A. 215 in Gluschitza bei über 40° Kälte.

Ein abgeschossener "Eiserner Gustav" bei Tschudowo.

Munitionstransport zur Wolchowfront.

Ein gut getarnter Panzer IV an der Rollbahn bei Tregubowo.

Ein Artillerievolltreffer auf dem Gefechtsstand der I./A.R. 215 in Salosje.

Ein Spähtrupp in Tarnhemden. Im März 1942 lag noch tiefer Schnee.

Ein russischer Bauer mit seinem Panjegaul.

Die Versorgungsschlitten fahren aus der "Erika-Schneise" westlich Tschudowo-Tregubowo zum Troß zurück.

So sah es im Munitionslager an der Rollbahn Tschudowo-Spaskaja nach einem russischen Schlachtfliegerangriff aus.

Eine typische MG-Stellung auf dem Versorgungsweg zwischen Trossen und vorderen Wolchowstellungen. Hier gab es oft Feuerüberfälle, denen Versorgungsfahrzeuge zum Opfer fielen.

Die Reste eines abgeschossenen russischen Flugzeuges.

Heuaufkauf durch die Wehrmacht.

So schön verzauberte "General Winter" Bäume, Häuser und Straßen. Ein Bild vom russischen Winter am Wolchow.

Wir konnten helfen: Zweiter von rechts ein ehemaliger weißrussischer General, 87 Jahre alt, halb verhungert in Tschudowo aufgefunden. Dritter von rechts ein russischer Bischof, der 15 Jahre Zwangsarbeit hinter sich hatte.

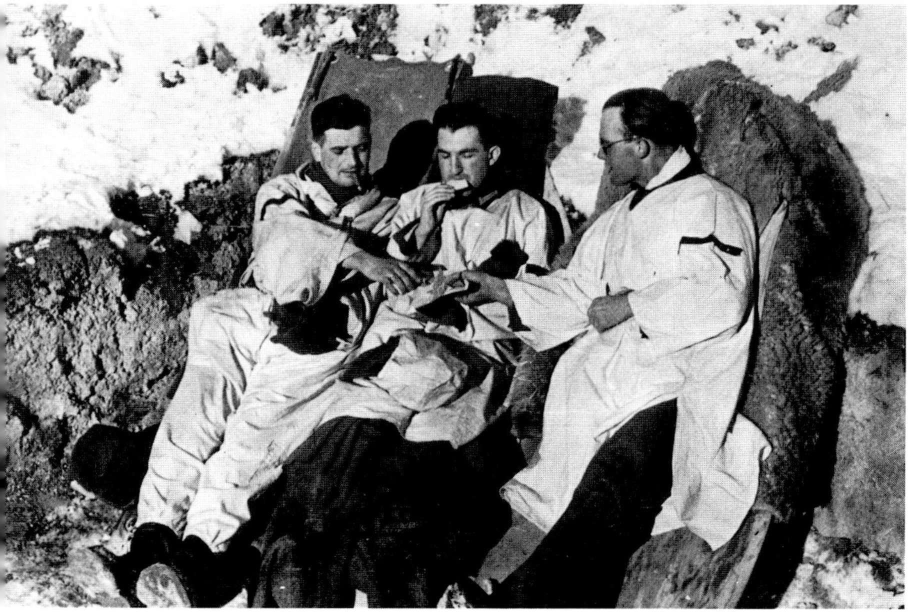

Auf Swanka. Von links die Leutnante Hockenjos, Vogt und Schöpflin I.R. 380, Februar 1942.

Panzer und Infanterie im Vorgehen auf dem Bahndamm bei Spaskaja-Polistj. 23. Januar 1942.

Durchbruchsversuche aus dem Einschließungsraum bleiben erfolglos. Durch geschicktes Operieren mit den letzten zur Verfügung stehenden Reserven – ein schwacher Zug Pioniere und ein einzelnes, beweglich gehaltenes Geschütz!! – gelingt es, dem eingeschlossenen Feind eine starke Einschließungsfront vorzutäuschen, ihn schließlich zum Überlaufen zu veranlassen und den Rest gefangenzunehmen! Die letzten Teile, darunter die beiden Regimentskommandeure, hatten sich zum Schluß, von allen Verbindungen und von ihrer Luftversorgung abgeschnitten, von dem Fleisch ihrer gefallenen Kameraden ernährt!
Bis Ende März war es dem Gegner gelungen, erhebliche, schnell bewegliche Teile, darunter erstklassige Ski-Einheiten, durch die zwischen der 215. und 126. Infanterie-Division entstandene Lücke hindurchzuführen. Das Loch in der eigenen Front blieb jedoch zu klein, um diesen taktischen Erfolg in strategischem Sinne auswerten zu können. Mit allen verfügbaren Reserven, in der Hauptsache Alarmeinheiten aus Trossen und Artillerie, hatte die Armee um den entstandenen, viele Kilometer tiefen Einbruchssack eine dünne Sicherungslinie geschaffen, mit der es tatsächlich gelang, ein weiteres Operieren des Feindes nach Süden, Westen und Norden zu verhindern.

In Zusammenarbeit mit der inzwischen an die Einbruchstelle herangeführten 61. Infanterie-Division gelang es am 9. April, starken, in den Raum um Glutschitza durchgebrochenen Feind in zähem Ringen einzukesseln und zu vernichten.
Inzwischen war es durch neu herangeführte Divisionen gelungen, noch vor Ende der Frostperiode westlich Spaskaja Polistj einen Keil in die entstandene Lücke zu treiben, ohne jedoch diese schließen zu können. Die "Erika-Schneise" begann die berüchtigste – und die schlechteste – Versorgungsstraße der Nordfront zu werden. Jeder Landser, der seinen Fuß auf diese Schneise setzte, um als Verstärkung oder als Ersatz in den immer wieder von allen Seiten angegriffenen und außerordentlich hart umkämpften Keil einzurücken, betrachtete wohl mit grimmigem Schmunzeln oder einem derben Fluch auf den Lippen das Schild am Eingang der Schneise, das jeden, der es noch nicht wußte, darauf hinwies, daß hier nun endgültig der "A . . . der Welt" begann! Und eines Tages begann die Schneeschmelze und damit die Schlammperiode.

Schlammperiode und Frühjahrskämpfe am Wolchow April bis Juli 1942

Eine Schlammperiode am Wolchow muß man erlebt haben! Beschreiben läßt sich dieser Vorgang nicht! Fast über Nacht verwandelten sich die mühsam in den gefrorenen Boden gesprengten Kampf- und Unterstände in brodelnde Moorlöcher. Die Versorgungspfade wurden zu schwabbernden Morasten, der Wolchow brach sein Eis mit donnerähnlichem Krachen und trat über die Ufer. Geschützstellungen versoffen in Sumpf und Moor, Schwierigkeiten über Schwierigkeiten entstanden. Tag und Nacht mußte gepumpt werden, um die Stellungen einigermaßen kampffähig zu halten, Verlegungen von Kampfständen auf einzelne aus dem Sumpf herausragende Sandhügel wurden erforderlich und vorübergehend ruhte die Kampftätigkeit bei Freund und Feind.
Aber noch eine neue Plage gesellte sich zu allen diesen Dingen, die die Kräfte der abgekämpften und zahlenmäßig stark dezimierten Einheiten in diesem Sumpfloch zur Qual machten. Das waren die Mücken, die Schnaken! Mit dem ersten warmen

Sonnenstrahl krochen sie zu Millionen aus ihren Schlupfwinkeln und wurden zur wahren Geissel von Mensch und Pferd. Es half kein Ausräuchern, es halfen keine Schleier und Moskitonetze: wo sich ein Lebewesen zeigte, stürzten sich die kleinen Sauger drauf!
Anfang Mai ließen die Feindbewegungen erkennen, daß der Gegner den Entschluß zur Räumung des Wolchowkessels faßte. Um seine Rückzugsbewegungen zu verschleiern und um die Lücke südlich Spaskaja zu vergrößern, begann der Russe in der Zeit vom 14. bis 29. Mai mit massierten Angriffen auf den Südflügel der 215. Infanterie-Division, ohne jedoch einen nennenswerten Erfolg zu erzielen. Inzwischen waren von der höheren Führung neue Kräfte (121. Infanterie-Division und 58. Infanterie-Division) herangezogen worden. Unter deren Mitwirkung gelang es am 30. Mai endlich, die Lücke südlich Spaskaja zu schließen. Der nach Westen durchgestoßene Feind, der größte Teil der russischen 2. Stoßarmee, darunter ihr Kommandeur General Wlassow, war eingeschlossen! Sie gingen nunmehr ihrer Gefangennahme entgegen. Mehrere Ausbruchsversuche dieser sich verzweifelt wehrenden Kräfte wurden von der 215. Infanterie-Division erfolgreich zurückgeschlagen. Die Säuberungsaktionen dauerten bis in den Juli hinein. Von Osten her führte der Feind bei Dymno und dem "Kastenwald" laufend Entlastungsangriffe gegen die Wolchowfront, aber auch diese wurden unter starken Feindverlusten abgewehrt.
Bis 18. Juli 1942 hatte die Division an Ausfällen in Rußland zu beklagen: 961 Gefallene, darunter 64 Offiziere, 3.119 Verwundete, darunter 20 Offiziere, 180 vermißte Unteroffiziere und Mannschaften und 1.633 Frosterkrankungen zweiten und dritten Grades, nicht mit eingerechnet die vielen Tausend mit leichteren Erfrierungen und die Leichtverwundeten, die meist oft kaum den Truppenverbandsplatz kennenlernten. Was hier die Truppenärzte und Sanitäter geleistet haben, wird man niemals gebührend würdigen können.

Am 20. Juli 1942 konnte die große Schlacht am Wolchow als endgültig beendet angesehen werden. Mit Stolz konnte die Division feststellen, daß sie unter Verhältnissen, wie sie vorher wohl noch nie einer Truppe zugemutet wurden, durch ihr zähes Aushalten entscheidend dazu beigetragen hatte, daß der Feind das sich gesteckte Ziel des Entsatzes von Leningrad nicht erreicht hatte und daß sie durch ihr unbeirrtes Halten in Spaskaja-Polistj die Voraussetzungen für die spätere Einkesselung und Vernichtung der 2. russischen Stoßarmee geschaffen hatte.
In der acht Monate dauernden Winter- und Frühjahrsschlacht gegen die 18. deutsche Armee haben die sowjetischen Armeen ihr Ziel, bis Estland durchzubrechen und den Krieg schon in dieser Phase zu entscheiden, nicht erreicht. Daran hatte die 215. württembergisch-badische Infanterie-Division einen in der Geschichte des Zweiten Weltkrieges oft gewürdigten entscheidenden Anteil.
Um der Division Zeit und Ruhe zur Wiederherstellung ihrer Gefechtskraft und zur Auffüllung ihrer Verbände durch heranzuführenden Ersatz zu geben, wurde sie in ihren so tapfer verteidigten Abschnitten durch die 1. Infanterie-Division abgelöst und zur Auffrischung in den Raum um Tossno verlegt. Ein Seufzer der Erleichterung ging durch die Reihen der alten Krieger! Die Wolchow-Bärte fielen und noch vor dem Abmarsch aus der Stellung waren Ausbildungsrichtlinien und Anweisungen für Neuaufstellungen ausgearbeitet und an die Truppe ausgegeben. Die Zeit der Herauslösung sollte eifrig ausgenutzt werden, um die Division bald wieder auf den alten Stand zu bringen.
Aber es sollte anders kommen!

Notgelandeter russischer Schlachtflieger bei Tschudowo.

Nachschub am Wolchow im Mai 1942
bei Salosje.

Ein biederer russischer Bauer
in Tschudowo.

Munitionstransport auf Schienen zwischen Tregubowo
und Spaskaja, April 1942.

Feuerbereites 15-cm-Geschütz des A.R. 215 am Wolchow, Anfang April 1942.

Endlose Knüppelpfade hinter den vordersten Stellungen am Wolchow, gebaut vom Pionier-Bataillon 204.

Trostlose Schlammbaderei für Fahrzeuge mot. und hot. Dies ist ein Versorgungsweg im April.

Beim Stallbau südlich Tschudowo.

Blick nach Swanka auf den "vom Eis befreiten" Wolchow, im Mai 1942.

Die berühmten Finnenhütten aus Sperrholz in den Wäldern hinter dem Wolchow

"Es lenzelet!"
Stützpunkt
"Waldecke".

Die Artillerie macht
Stellungswechsel.

Schneeschmelze bei
Ljadno, im Mai 1942.

Dies war der erste T 34, den die 14./380 im Kastenwald bei Dymno im Juli 1942 außer Gefecht setzte.

Laufroste, Sumpf, Wald, eine herrliche Flora und Mückenschleier am Wolchow, im Juni 1942.

Im Waldlager rollt das erste Faß Bier.

Die Mückenschleier waren unentbehrlich.

Vierspännig ging es durch den Schlamm.

Durch persönlichen Einsatz von Lt. Wolpert wurde dieses Pferd lebend geborgen. Jedes Pferd war für die Truppe wichtig.

Die Schneeschmelze kam sehr schnell.

Die Schneeschmelze machte den Stützpunkten viel zu schaffen. Rechts: Fw. Weidner, 10./380.

Ein Unterstand des Pionier-Bataillons 204.

Ein leichtes Infanterie-Geschütz der 13./390 in Stellung.

Ein deutsches Eisenbahngeschütz feuert vor Tschudowo.

Der einzige unterirdische HVP während des Osteinsatzes. Ein friedlich anmutendes Bild.

Der katholische Divisionspfarrer Willi Müller beim Feldgottesdienst im Mai 1942.

Pfarrer bei der Einsegnung auf dem Friedhof Tschudowo.

Der Pi-Zug 435 schießt eine Ehrensalve anläßlich einer Beerdigung bei der "Roten Schule" in Tschudowo.

Die Denkmäler auf den Soldatenfriedhöfen haben ehrenden und mahnenden Charakter. Sie wurden von einem Kommando "Denkmalbau" errichtet, wobei Architekten, Maurer mit Steinmetzfertigkeit, Kunstschmiede, Bildschnitzer, Gärtner und viele Helfer mitgewirkt haben.

Gefallenen-Denkmäler in Tschudowo.

Den Gefallenen der Veterinär-Kompanie 215.

Vorderseite des Ehrenmals des I.R. 435.

Rückseite des Ehrenmals des I.R. 435 mit den Namen der Gefallenen und nicht Geborgenen.

Kämpfe westlich Leningrad
Juli 1942 bis August 1943

Am 24. Juli 1942 war die Sammlung der Division im Raum Tossno beendet. Endlich einmal wieder ein Dach über dem Kopf! Endlich einmal wieder eine Nacht ungestört schlafen! Das waren die Seufzer, mit denen sich die alten Wolchowkämpfer abends in das Stroh sinken ließen.
Auf Anordnung des OKH wurde auch unsere Division umgegliedert und aufgefrischt. Die Infanterie-Regimenter hatten nur noch zwei Bataillone, bedingt durch die starken Ausfälle in den Winterkämpfen, die 14. (Panzerjäger) Kompanie wurde teilmotorisiert und die Artillerie in Batterien zu je drei Geschützen umgegliedert. In diesen Tagen wurden die Infanterie-Regimenter der Division in Grenadier-Regimenter umbenannt. Unter "Grenadier" verstand man unter Friedrich dem Großen die "Handgranatenwerfer". 1942 wurden in der deutschen Armee alle Infanterie- in Grenadier-Regimenter umbenannt, wobei Grenadier der unterste Dienstgrad eines Teils der Infanterie ist. Die Umbenennung wurde nicht mit Begeisterung begrüßt, denn der Name Infanterist war der Ehrenname für den in vielen harten Gefechten bewährten Kämpfer in vorderster Linie. Aber schon am Morgen des 20. Juli 1942 weckte die schlummernden Kämpen ein nur zu bekanntes Konzert: Trommelfeuer. Im Nu war alles auf den Beinen und horchte in den aufdämmernden Tag. Das Feuer kam aus Richtung Leningrad, weit entfernt, wohl an die 40 Kilometer Luftlinie, aber . . . Man sah bedenkliche Gesichter. Gegen Mittag war es denn auch so weit: der Russe hatte in dem Einschließungsring von Leningrad bei Urizk und Staro-Panowo einen Einbruch erzielt. Die 215. Infanterie-Division wurde zur angriffsweisen Bereinigung der Lage dorthin in Marsch gesetzt. Also war es aus mit der Aussicht auf Ruhe und Ausbildung – und Urlaub!!
Um die Erweiterung des Einbruches zu verhindern, wird ein verstärktes Regiment voraus in Marsch gesetzt. Der Rest der Division wird nachgezogen. Eile tut Not, denn an der Einbruchsstelle, an der bisher ein lettischer Freiwilligenverband gekämpft hatte, sah es böse aus. Der Weg von Urizk bis zum Oranienbaumer Kessel war nicht weit und eine Vereinigung der beiden Feindkessel hätte für die Nordfront böse Folgen haben können. Die Division entschließt sich, den Angriff nach kurzer Bereitstellung im Divisionsverband zu führen. Die notwendigen Vorbereitungen und Erkundungen werden in die Wege geleitet und ein genauer Angriffsplan festgelegt.
In einem mit Schwung und Tapferkeit gegen starken Feind durchgeführten Zangenangriff, von Schlachtfliegern und Stuka gut unterstützt, gelang es am 2. August, den Einbruch zu bereinigen und den zum größten Teil verlorengegangenen Ort Staro-Panowo wieder in Besitz zu nehmen. Der Russe reagierte auf diesen Angriff der Division mit allen ihm zur Verfügung stehenden Rohren seiner starken Artillerie-Massierung um Leningrad. Zwei Tage lang schießen seine Batterien, was die Rohre hergeben wollen. Zahlreiche Gegenangriffe, die unter dem Schutz dieses gigantischen Feuers geführt werden, bleiben erfolglos vor den wiedergewonnenen Stellungen liegen. Wochenlang aber dauert es, bis die vielen Tretminen, mit denen der Russe die Gegend verseucht hatte, beseitigt waren.

Die Division hatte unter schweren Verlusten den ihr gestellten Auftrag erfüllt. Allerdings war es aus mit der ersehnten Herauslösung, die Division blieb im Abschnitt Urizk – Staro-Panowo und sollte hier lange Monate hindurch die Freuden und Leiden eines Stellungskrieges an einer "ruhigen" Front kennenlernen.
Einzelne Kompanien kamen zur Ausbildung nach Lagola, wo ein Übungsplatz eingerichtet war.
Die Zeit des Einsatzes vor Leningrad wird allen Beteiligten immer in Erinnerung bleiben.
Leningrad, das frühere St. Petersburg, war einst die Hauptstadt des russischen Reiches und Residenz des jeweiligen Zaren. Mit rund 3 Millionen Einwohnern ist sie die zweitgrößte Stadt in Rußland. Die Silhouette der großen Stadt mit ihren vielen, im Sonnenlicht funkelnden Zinnen und Türmen der vielen Kirchen, Kathedralen, Klöster, Museen, Galerien, Universitäten, Palästen und Schlössern ist einmalig schön. Eindrucksvoll ist der Finnische Meerbusen mit seiner weit hinausragenden Mole, die Insel Kronstadt mit der halb gesunkenen "Marat" und der "Oktober-Revolution", die Schloßruinen am Meeresstrand, die Ruine von Peterhof und im Juni die "weißen Nächte", in denen es nicht dunkel werden wollte, die vom Nordlicht erhellte Landschaft, die nach Sonnenuntergang eine Leuchterscheinung bewirkte, die an Intensität, Farbe und Form den gesamten Horizont verzauberte. Zur Verteidigung der Stadt hatte die sowjetische Führung das Abwehrsystem ständig verbessert und tiefer gestaffelt.
Unvergessen bleiben die unzähligen Feindbatterien rings im Kreise, die uns oft von allen Seiten ihren stählernen Segen schickten. Und auch die "Nähmaschine vom Dienst", dieses mysteriöse, kaum zu beschädigende Flugzeug, das Nacht für Nacht seine Bomben abwarf. Kamen deutsche Flugzeuge gegen Leningrad, leuchtete die Front wie ein Lichtdom auf, erhellt durch das "Feuerwerk" der vielen, vielen Flakbatterien.
Im Angesicht von Leningrad begann vom ersten Tage der Besetzung des Abschnittes an der Stellungsbau. Und wozu eine Division – noch dazu eine württembergisch-badische – fähig ist, was sie in unermüdlicher Arbeit, mit den primitivsten Behelfsmitteln schaffen kann, das zeigte sich, als diese Stellung nach über einem Jahr an die ablösende 126. Infanterie-Division übergeben wurde. Es war nicht nur ein durchlaufender Graben mit gut ausgebauten Gefechts- und Unterständen entstanden, es gab darüber hinaus Laufgräben in großer Zahl, es gab eine zweite Stellung, es gab eine ausgebaute Tiefe der H.K.L. Es war geschanzt worden, als in den zerschossenen Gärten der beiden Orte die Blumen in üppiger Pracht blühten und als im Winter wieder der Boden gesprengt werden mußte, weil er Hacke und Spaten widerstand. Alle aus Leningrad heraus geführten Vorstöße des Feindes waren an dieser Stellung zum Scheitern verurteilt.
Die Stellung wurde gehalten, obwohl immer wieder Teile der Division herausgezogen und zur Verwendung als "Feuerwehr" an anderen Brennpunkten des Kampfes außerhalb des Divisionsbereichs eingesetzt werden mußten. So kämpften die Bataillone der Regimenter 390 und 435 bei Sinjawino südlich des Ladogasees und bei Kolpino-Krassny-Bor in den Abschnitten fremder Divisionen. Der Einsatz des

G.R. 390 im Raum Krassny-Bor war Gegenstand einer Studie der ARIZONA STATE UNIVERSITY in USA in dem Buch "Hitlers's Spanish Legion, The Blue Division in Russia", das die beiden Professoren Dr. Gerald R. Kleinfeld und Lewis A. Tambs 1979 fertiggestellt haben. Kamerad Dr. Speer konnte als ehemaliger Adjutant des G.R. 390 einen Beitrag über das damalige Geschehen zur Verfügung stellen.

In diese Zeit fällt auch die Einrichtung eines Divisions-Erholungsheimes in Hungerburg bei Narwa. Ein Jeder wurde beneidet, der das Glück hatte, sich dort am Ostseestrand einige Tage zu erholen. Ein schwaches Glied in der Verteidigung war die 20 Kilometer breite Front am Finnischen Meerbusen, der Gruppe "Küste". Wenn gar die Ostsee zufror, wurde die Lage kritisch.

In dieser Zeit liefen schon die Vorbereitungen auf den Winter an. Es wurden ständig Laufgräben und Unterstände gebaut und rechtzeitig Winterbekleidung und Ausrüstung ausgegeben. Großen Wert legte man auf die Bildung von Eingreifreserven. Aus den Trossen der drei Regimenter, dem Stab der schnellen Abteilung als Bataillonsstab, einer Nachrichtenstaffel der NA 215 und einem Zug der Panzerjäger-Abteilung 215 wurde ein Divisions-Verfügungsbataillon aufgestellt und durch Auskämmen der Stäbe, Nachschubtruppen und Trosse weitere Alarmeinheiten gebildet.

So sah der Kriegsberichterstatter Mantey mit seiner Fernkamera Leningrad mit dem Parteigebäude, der Isaakskathedrale und die vielen Verteidigungssysteme vor der Stadt.

Unsere Stukas kommen! Die Großoffensive am 2. August 1942 begann. Fw. Schwarz, Uffz. Ludmann von der 13./435.

In ungeduldiger Erwartung des Angriffsbefehls.

Die Stukabomben lagen im Zielgebiet.

Ein schweres Eisenbahngeschütz unterstützt vom finnischen Meerbusen her den schweren Artillerieschlag.

G.R. 435 stürmt im linken Divisions-Abschnitt den Bahnhof Urizk.

G.R. 380 greift über das Gleisdreieck Staro-Panowo an, rechts davon geht G.R. 390 vor.

Ein schwerer Granatwerfer des G.R. 380 in Feuerstellung am Gleisdreieck, unterstützt die angreifende Infanterie.

Ein lMG 42 im Einsatz bei Urizk.

So sah der "Bachgrund" nach dem 2./3. August 1942 aus. Der Russe hatte hier vieles vermint.

Front vor
Urizk-Staro Panowo
ab August 1942
III./538
Urizk
G.R. 435
ONO
Seibold-Tunnel
Bachgrund
Bhf.
Bhf.
Gelbes Haus
Staro Panowo
I.G.-Mulde
Bahnlinie
E.-Werk
E-Werk
Gleisdreieck
III./388
G.R. 390
G.R.380

Rest des 2./380 nach drei Tagen Kämpfen. Links außen Uffz. Theo Glauner.

Krankensammelstelle in Krasnoje Szelo.

Feldnahes Lazarett der Division in Gatschina.

Der Feuerschlag der Artillerie bei Staro Panowo.

Das I./380 und eine Kompanie 390 stellen sich am 26. August 1942 zum Angriff bereit, um eine "Beule" auszubügeln.

Posten in Staro Panowo.

Vorgeschobener Gefechtsstand des G.R. 380 mit Major Lang, Oblt. Wolpert und (am Scherenfernrohr) Lt. Mehrle.

Estnische Küstenwache bei Strelna, im Hintergrund die Hafenmole von Leningrad.

Btl.Gefechtsstand III./380 August 1942 in Staro Panowo. Lt. Schöpflin, Oblt. Zeller, Oberarzt Dr. Delabar.

Stellungsgraben bei Staro Panowo, Oktober 1942.

Wegzeiger bei Strelnja. "Weit ist der Weg zurück ins Heimatland".

Primitive Stellung am Bahndamm Urizk, September 1942.

"Seibold Tunnel" an der Bahnlinie Urizk – Leningrad, Oktober 1942.

Pi.Btl. 204 beim Minenverlegen vor Leningrad.

Gefechtsstand der I./A.R. 215 in Poslenina.

Das berühmt gewordene "Gelbe Haus" in Urizk.

Rgt.Pi.Zug von 435 beim Bunkerbau in Urizk, August 1942.

Bunkerbau in Staro Panowo.

Die neuen Winterkampfanzüge, erstmals eingeführt im Herbst 1942 vor Leningrad.

Das Wäldchen im Abschnitt in Staro Panowo, Januar 1943.

"Scharfes Eck" die H.K.L. bei Staro Panowo im Winter 1942/43.

Winterstellung im Abschnitt 380 am Ligowskikanal, Februar 1943.

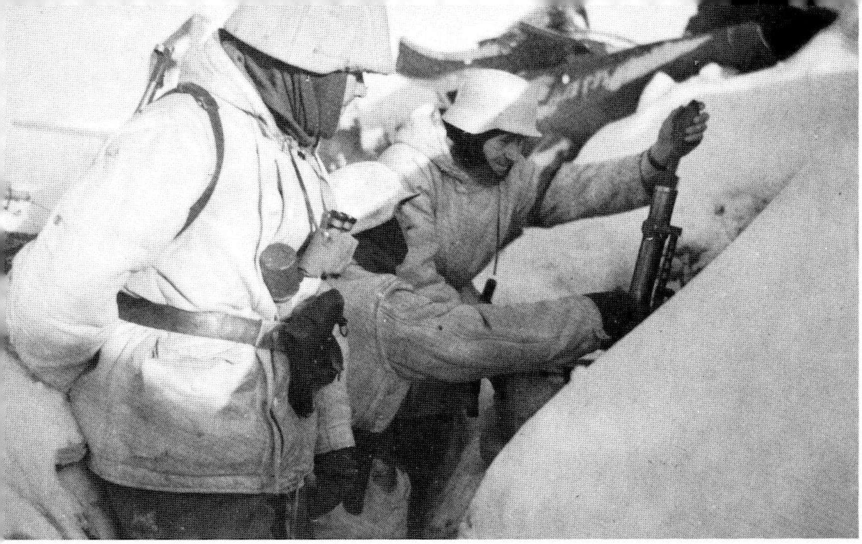

Granatwerfer des G.R. 435 bei Urizk, Februar 1943.

Mörserstellung im Dreiecksdorf, Geschützführer Uffz. Plessing von der 10./A.R. 215.

Blick vom E-Werk beim Ligowskikanal auf den Hafen von Leningrad, im Vordergrund die H.K.L., Frühjahr 1943.

Das Tauwetter beim Ligowskikanal, Ende Februar 1943.

"Forstergraben" am Ligowskikanal.

Stellung "Alter Fritz", April 1943.

Tauwetter südlich Staro Panowo, März 1943.

. . . und dann noch das Wasser . . ., April 1943.

Kompanie-Gefechtsstand der 11./380, Lt. v. Bohlen und Halbach.

In Mittelberg im kleinen Walsertal wurden Genesende im Skifahren ausgebildet.

Divisions-Erholungsheim in Hungerburg, Mai 1943.

E-Werk am 20. April 1943, EK-Verleihung.

Friedhof mit Kapelle bei Urizk.

Bunkerbau der 14./380 in Urizk mit Wasserpumpe, Lt. Moser und Ofw. Braun, Juni 1943.

"Rote Schule" in Urizk, Juli 1943.

Geburtstag des Bataillons-Kommandeurs I./380, Hptm. Ringhof, am 6. Juli 1943, von links: Oblt. Mattmann, Lt. Schätzle, Hptm. Handwerker, Oblt. Mehrle, Oblt. Stübler, Hptm. Ringhof, Ob.-Arzt Dr. Braun, Oblt. Schöpflin, Lt. Rieger, Lt. Donner, Lt. Glauner, Lt. Huber.

Spende an das DRK, Übergabe im Soldatenheim Krasnoje Selo, RM 3.500,--.

Ferntrauung von Lt. Schöpflin in Staro Panowo, 1943, von links: Lt. Trudel, Hptm. Zeller als Btl.Kdr. und "Standesbeamter", Oblt. Schöpflin und Ob.-Musikm. Szysynski.

Gefangene Russen bei der Kaserne Poljana.

Posten beim "Rondell".

Staro Panowo, August 1943.

Abgeschossener T34 hinter der Stellung an der Uferstraße, September 1943.

Staro Panowo, der "Wilde Mann", August 1943.

Einsatz südlich Ladoga-See
September bis Oktober 1943

Die Tage der Erholung und Ausbildung waren gezählt. Die Division löste in der Stellung nördlich Mga ab. Alle drei Regimenter wurden in vorderster Linie eingesetzt. Mit Reserven sah es nicht rosig aus.
Den G.R. 390 und 435 waren diese Stellungen zwischen den Ssinjawino-Höhen und dem Newa-Knie von den Sommerkämpfen her wohlbekannt.
Nur wenige Grabenstücke boten etwas Schutz. Das Gelände machte einen noch viel traurigeren Eindruck als man sich trotz aller bitteren Erfahrungen am Wolchow vorstellen konnte: Sumpf, Morast, dunkelbraunes, zäh dahinfließendes Wasser der Moika, das die Feldküchen benutzen mußten; unzählige Granattrichter wie im "Bachgrund" nach den Großkämpfen vor Leningrad im August 1942, verkohlte Bäume und kaum noch etwas Grünes. Schwerpunkt der Kämpfe wurde der linke Abschnitt der Stellungen mit dem G.R. 380. Eine Verbesserung der Gräben und Stellungen war kaum möglich, da das Moorwasser jedes Eingraben unmöglich machte. Dazu kam eine Rattenplage schlimmen Ausmaßes. Mit Lattenrosten und Astholz-Barrikaden versuchte man, etwas bessere Kampfbedingungen zu schaffen. Da das Gelände flach und deckungslos war, entwickelten Freund und Feind eine intensive Scharfschützentätigkeit. Die Pioniere bauten Knüppeldämme, legten Stacheldraht und verminten. Der Stellungsbau wurde forciert wie nie zuvor. Vom ersten Tag an tastete der Russe unsere Stellungen ab. Am 14. September 1943 gelang dem Russen ein Einbruch. Erst nach stundenlangen Nahkämpfen konnte der Gegner aus dem Graben geworfen werden. Alles war zerwühlt, was zuvor mühsam geschaffen worden war. Der von Granaten aufgewühlte Sand machte im Nu die Schloßteile der Waffen unbrauchbar. Es war wohl das einzige Mal, daß man mit dem Bajonett kämpfen mußte. Der Gefechtsstand des III./380 war geländebedingt nur etwa 25 Meter hinter der vordersten Stellung. Überhaupt waren alle Gefechtsstände der Bataillone, Abteilungen und Regimenter im ganzen Osteinsatz immer verhältnismäßig weit vorne und organisierten auf ihrer Höhe oft den entscheidenden Gegenstoß.
Am 15. September 1943 trat der Russe zu einem Gegenangriff im Abschnitt der rechten Nachbardivision, der 21. Infanterie-Division, an. Auch unser Divisionsabschnitt lag im schweren Feuer der feindlichen Artillerie, Salvengeschütze und vermutlich erbeuteter deutscher Do-Geräte. Die rückwärtigen Zufahrtsstraßen lagen unter anhaltendem Störungsfeuer. In dem stundenlangen Kampf griffen auch russische Panzer ein. Das A.R. 215 unterstützte die Nachbardivision nachhaltig. Am Abend war der Kampf zu Ende und der Angriff erfolgreich abgeschlagen.

Man benutzte die Zeit relativer Ruhe zur Verbesserung der Stellungen. Allein im Abschnitt des G.R. 380, dem offensichtlichen Schwerpunkt im Divisionsabschnitt, wurden bis Ende September 7.000 laufende Meter Gräben, 2.000 laufende Meter Laufroste und etwa sieben Bunker gebaut.
Um sich über die weiteren Feindabsichten zu informieren, wurden Stoßtruppunternehmen angesetzt, um Gefangene zu machen. Nicht immer klappten diese Unternehmen. Am 28. September 1943 berichtete ein Überläufer von einem für den

kommenden Tag geplanten Angriff, der tatsächlich kam. Die Angreifer, ein Strafbataillon von 120 Mann, blieben in unserem Abwehrfeuer liegen. Nur etwa die Hälfte ging in wilder Flucht zur Ausgangsstellung zurück. Alle anderen waren gefallen. In Mga wurde das Füsilierbataillon 215 aufgestellt, wozu alle Einheiten Offiziere und Mannschaften abzustellen hatten. Dieses Bataillon hat in der Folge manches Beispiel an Mut und Tapferkeit bewiesen. Es war erstaunlich, wie schnell diese Einheit zusammengewachsen ist und wie einsatzfreudig sie war.
Ostwärts von Mga bezog eine deutsche Werfer-Abteilung (Do-Geräte) Stellung. Da die Wirkung ihrer Geschosse verheerend war, warnte der Russe über Lautsprecher gegen ihren Einsatz.
Es gab in diesen Wochen manchen Feuerüberfall auf unsere Stellungen, geleitet von den B-Stellen eines Elektrizitätswerkes und einer Sternwarte. Jede Nacht kamen "Eiserne Gustave" und bombardierten die Stellungen der Werfer-Abteilung. Auch die Division bekam meist von diesen Bomben etwas ab. Vom 13. bis 16. Oktober 1943 wurde die Division abgelöst. Über endlose, ermüdende Knüppelpfade- und Dämme ging es zurück mit einem noch unbekannten Marschziel.

Übergabe der Führung des G.R. 380 von Oberst Hesselbacher an Major Herb an der Newa, September 1943.

Revierstunde im Freien. Männer der I./435 bei Mga.

Die verschlammten Straßen nördlich von Mga machten zu schaffen. Die Pferde waren geländegängiger.

Mündung der Moika in die Newa, linke Abschnittsgrenze der 11./380.

Auf dem "Artillerieberg" bei Ssinjawino südlich Ladoga-See mit Blick nach Norden, im September 1943.

"Es steht ein Soldat am Newastrand".

Brücke über die Moika an der Newafront.

Stellungen an der Moika, "wüst und öde", am Horizont ein außer Gefecht gesetzter T34.

Einer unserer Unterstände an der Moika im Oktober 1943.

Deutsche und russische Stellungen an der Newa.

Die Newa, im September 1943.

Stellungskämpfe um Puschkin Oktober 1943 bis Januar 1944

Vom 13. bis 17. Oktober war die Division Korpsreserve. Dann kam der neue Einsatzbefehl, da sich an der Front des "Eisernen Ringes" um Leningrad ein neuer Großangriff abzuzeichnen begann. Die 215. Infanterie-Division löste im Raum Puschkin die spanische 250. Infanterie-Division ("Blaue Division") ab und setzte alle drei Grenadier-Regimenter in vorderster Linie ein.
Die Division schaffte sich eine weitere Reserve, die "Sturmgrenadier-Kompanie", deren Existenz nach oben geheim gehalten wurde. Sie ist danach oft das Zünglein an der Waage gewesen, wenn es galt, in kritischen Situationen einzugreifen und zu helfen.
Auch in diesem Abschnitt fand die Division nur sehr dürftig ausgebaute Stellungen vor, und wieder wurde mit Eifer darangegangen, das Hauptkampffeld trotz der herrschenden Winterkälte und des tief gefrorenen Bodens auszubauen. In dieser Zeit wurde das neu gebildete Divisions-Füsilier-Bataillon einer Luftwaffen-Felddivision an der Westseite des Oranienbaumer Kessels unterstellt. Bei Durchbruchsversuchen des Feindes in Richtung Kingisepp bewährten sich die Füsiliere der 215. Infanterie-Division vielfach als "Feuerwehr" und Rückgrat der gut ausgerüsteten, aber völlig unerfahrenen Luftwaffen-Einheiten.
Im Morgengrauen des 13. Dezember 1943 raste plötzlich das russische Trommelfeuer über das Gleisdreieck nordwestlich von Puschkin. Strafbataillone stürmten von zwei Seiten die steil vorspringende Stellung. Den ganzen Tag wurde in den engen Gräben mit Handgranaten und Maschinenpistolen um jeden Meter gekämpft. In stockdunkler Nacht eroberten dann Stoßtrupps Meter um Meter der verlorengegangenen Stellung zurück, schleuderten Hunderte von Handgranaten in die Gräben und Bunker. Im Morgengrauen des 14. Dezember war das Gleisdreieck wieder in der Hand der 215. Infanterie-Division.
Doch am 16. Dezember wiederholte sich an derselben Stelle das blutige Spiel. Obwohl das Sturmbataillon der 18. Armee inzwischen am Gleisdreieck eingesetzt war, eroberten die Sowjets den Abschnitt erneut in einigen Stunden mit hohem Aufwand an Menschen und Material. Wiederum wurde den ganzen Tag über erbittert gekämpft, wieder wurden in der Nacht die Gegenangriffe eingeleitet und wieder war am anderen Morgen das Gleisdreieck in der Hand der erschöpften Grenadiere.
Vor unserem Abschnitt lag beherrschend die Pulkowo-Höhe, die uns in der Folge viel Kummer bereitete, da von dort aus das feindliche Artillerie-Feuer bis ins tiefe Hinterland geleitet werden konnte. Unsere Artillerie mußte immer wieder mit Nebelgranaten die Sicht von dieser Höhe ausschalten.
Ruhiger wurde es um Puschkin und Aleksandrowka. Am Weihnachtsabend brannte in den engen Bunkern manches Kerzlein aus der Heimat und rauhe Stimmen sangen "Stille Nacht . . . " bei den Gottesdiensten der unermüdlichen Divisionspfarrer. In der Silvesternacht kündeten zahllose Leuchtkugeln und Leuchtspurgeschosse den Beginn des Jahres 1944 an, das eine neue, entscheidende Phase des Krieges für die Nordfront bringen sollte.

General Frankewitz, Kommandeur der 215. I. D. meldet am 5. 1. 1944 Generalfeldmarschall v. Küchler, dem Oberbefehlshaber der Heeresgruppe Nord.
Links vom Div.-Kommandeur der Ia, Oberstlt. i.G. Schelm.

Stellung der 11./380 am Parkrand von Puschkin vor dem Großangriff der Russen.

So sah der Gefechtszeichner Schuster vom G.R. 380 den erbitterten Nahkampf um die letzten Meter der Fingerstellung bei Puschkin am 13. 12. 1943. Der Führer der Sturmtruppe, Lt. Schätzle, erhielt für diesen Gegenangriff das Ritterkreuz.

Nach dem Gegenstoß im "Finger" am 16. 12. 1943. Die Männer sind nach einem 24stündigen Kampf erschöpft.

Das Alexanderschloß mit der Schloßkirche im Winter 1943/44.

Das schmiedeeiserne Gittertor zum Ehrenhof.

Die Prunksäle in den Schlössern hatten durch das Artilleriefeuer schwer gelitten.

Großkampf um Puschkin
15. bis 23. Januar 1944

Puschkin, bis 1918 Zarskoje Selo genannt, ist berühmt durch das Alexanderschloß, der Sommerresidenz der Gemahlin Peters des Großen und späteren Kaiserin Katharina I. Die während des Krieges stark beschädigten und wieder aufgebauten Paläste sind heute Museen.

In der Abendmeldung des 14. Januar 1944 hatte die Division ihre Feindbeurteilung zusammengefaßt in dem Satz: "Mit Großangriff am 15. Januar 1944 wird gerechnet."

Am 15. 1. um 7.20 Uhr riß die Hölle ihre Schlünde auf und aus Tausenden von Geschützrohren schoß der Russe ein Trommelfeuer, das auf einen Großangriff erster Ordnung schließen ließ.

Eine volle Stunde tobte das Inferno über die schwachen deutschen Stellungen bis hinauf zum Finnischen Meerbusen, soweit eine Beobachtung möglich war, soweit Nachrichten zu erhalten waren. – Noch in das Platzen der Granaten hinein stoßen die ersten Angriffswellen der russischen 86. Schützen-Division und der 45. Garde-Division mit Panzer- und Schlachtfliegerunterstützung gegen den linken Abschnitt der Division vor. Ein zähes, erbittertes Ringen beginnt um die von dem furchtbaren Feuerorkan zerpflügten Stellungen. Nach stundenlangen, verbissenen und verlustreichen Kämpfen gelingt der erdrückenden Masse der feindlichen Angriffswellen ein Einbruch. Die Fingerstellung geht verloren. Immer neue Feindpanzer rollen heran. Doch der Angriff wird in hervorragender Zusammenarbeit aller Waffen in der Tiefe des Hauptkampffeldes aufgefangen und zum Stehen gebracht. Während des ganzen Tages führt der Gegner seine Angriffe von Bataillons- bis Divisions-Stärke immer wieder gegen den linken Divisions-Abschnitt westlich der Nowgorod-Bahn. Aber zäh krallen sich die Grenadiere an ihre zerpflügten Löcher, drücken sich in den eisigen Schnee, wenn die Geschosse bersten, und schießen und kämpfen, wenn wieder eine neue Welle heranstürmt.

Früh löst die Dämmerung den grauen Tag ab. Allmählich verebbt der Kampfeslärm. Erschöpft liegen die Grenadiere in ihren Löchern. Doch es gibt keine Ruhe, die Verbände müssen geordnet, die Befehlsverhältnisse neu geregelt werden. Da die Verbindung abgerissen ist, steht die linke Flanke der 215. Infanterie-Division offen und neue Kräfte müssen zum Abriegeln eingesetzt werden. In die fahle Morgenröte des 16. Januar hinein rollt wieder das Trommelfeuer aus allen feindlichen Rohren aller Kaliber, und mit dem ersten dämmrigen Tageslicht stürmt erneut Welle auf Welle aus dem schier unerschöpflichen Menschenreservoir des Feindes auf die zerbröckelte und nur noch aus einzelnen intakt gebliebenen Widerstandsnestern kämpfende eigene Linie an. Und immer wieder melden die B.-Stellen die Beobachtungen von neuen Feindverstärkungen, die Heranführung von Kolonnen in Stärke von 4.000 bis 5.000 Mann mit 80 bis 100 Panzern, die außerhalb der Reichweite der eigenen Artillerie, unbehelligt über die "Antonstraße" in den Kampfraum hineingeführt werden. Nur einmal gelingt der eigenen Artillerie ein sehr wirksamer Feuerschlag gegen die Heranführung der Reserven: im gutliegenden, zusammengefaßten Feuer aller noch verfügbaren Rohre, das schlagartig auf eine starke vormarschierende Kolonne gelegt wird, bleibt ein großer brennender Trümmerhaufen, schwelende Panzer und Kraftfahrzeuge zurück!

Verzweifelt kämpfen die eigenen Einheiten, um sich in ihren Stellungen zu behaupten. Wechselvoll sind die Kämpfe dort am Rande des Puschkiner Parks. Verzweifelt sind die Männer der Nachrichtentrupps bemüht, die immer wieder zerschossenen Leitungen zu flicken, um der Führung die Möglichkeit zur Orientierung über die Lage und zum Führen zu geben.

Und wieder ist die Nacht voller Bewegung. Erneut müssen Trosse und Kolonnen "ausgekämmt" werden, um neue Kräfte freizumachen. Wieder kämpfen sich Trosse und Kolonnen über die zerfahrenen und zerschossenen Straßen, heißt es: "Alle Mann in die Taue", wenn die Pferde auf dem zu Stein gefrorenen Boden stürzen oder im Bersten der Granaten getroffen werden. Gegen Morgen des 17. Januar schlägt die Temperatur plötzlich um. Es wird milder, Regen und Schnee wechseln, in den Schützenlöchern sammelt sich langsam trübes, eisiges Schnee- und Regenwasser. Die Filzstiefel beginnen aufzuweichen. Und wieder setzt der Gegner mit unverminderter Heftigkeit seine rollenden Angriffe aus Norden, Nordwesten und nun auch aus Westen gegen die so dünne tiefe Flanke der Division fort. Mindestens drei Divisionen sind im Angriff. Aber die Front hält! Örtliche Einbrüche werden mit bewundernswürdiger Tapferkeit in Gegenstößen bereinigt. Verbissen wird um jedes Schützenloch gekämpft.
Der Einbruch beim linken Nachbarn vertieft sich immer mehr. Immer weiter wird dadurch die linke Flanke der Division aufgerissen, immer weiter muß der umgebogene Flügel der Division in die Tiefe verlängert werden.
Auch der 18. Januar steht im Zeichen des Großkampfes. Was in diesen Tagen an den Rändern des Parks von Puschkin, vor den Ruinen des Schlosses der großen Katharina an verbissenem Heldentum von den Grenadieren, Füsilieren, Artilleristen, Pionieren, von den Nachrichtenleuten und den Männern der Nachschubeinheiten und Trosse, von den Meldern, von den Führern aller Grade und von den Stäben geleistet wird, ist in Worten nicht zu schildern!
Auch von den anderen Teilen der Armeefront kommen Hiobsmeldungen. Der Gegner hat die Verbindung seiner beiden Angriffskeile aus dem Leningrader Raum und aus dem Oranienbaumer Kessel hergestellt. Es mutet wie ein Wunder an, daß der linke Flügel der Division trotz pausenloser Angriffe immer noch bis auf geringe Geländeverluste weiter hält.
Der 21. Januar bringt wieder stärkste Angriffe. Die Munition wird immer knapper. Die Artillerie meldet den Ausfall vieler Geschütze durch Feindeinwirkung. Immer bedrohlicher sieht es in der tiefen linken Flanke der Division aus. Die Fernsprechverbindung zum Korps ist nur zeitweilig in Ordnung. Gegen Mittag gelingt es, eine Verbindung mit dem Kommandierenden General zu bekommen. Der Divisions-Kommandeur bittet, um Kräfte einsparen und eine Begradigung der Abwehrfront herstellen zu können, um die Genehmigung zur Rücknahme der Front bei Puschkin.
Um 19.00 Uhr kommt durch Funk die Antwort: "Puschkin ist auf höchsten Befehl zu halten!"
So kämpfen dann am 22. und 23. Januar die geschwächten Kompanien in der linken Flanke der Division einen aussichtslosen Kampf um die Dörfer zwischen der Ischora und der Rollbahn nach Gattschina: In Pendelowo, Novo Katlino, Gerkelewo, Gambolowo wird der Schnee schwarz von den zahllosen Einschlägen der Granaten und rot vom Blut . . .

Die durch die Kämpfe der letzten Tage völlig übermüdeten und stark geschwächten Verbände, deren Abwehrkraft noch dazu durch den sehr fühlbaren Munitionsmangel erheblich herabgemindert ist, halten dem dauernden Ansturm der mit ungeheurem Munitionseinsatz und immer neuen Panzereinheiten angreifenden, zahlenmäßig weit überlegenen Feindverbänden nicht mehr stand. Einbrüche sind unvermeidbar.

Feindliche Vorstöße gelangen bis in die Stellungen der Artillerie. Die Batterien igeln sich ein und bekämpfen den Feind im direkten Beschuß. Noch einmal gelingt es so, den unvermeidbar erscheinenden Durchbruch zu verhindern und den Gegner mit einer immer schwächer werdenden Abwehrfront in der Flanke vom weiteren Vordringen abzuhalten. Aber die Lage wird nunmehr verteufelt ernst! Weitere Reserven sind beim besten Willen nicht mehr zu schaffen, Trosse und Kolonnen sind schon weit über das Maß des Erträglichen ausgekämmt. Das macht sich bei dem für die Truppe lebensnotwendigen Nachschub in einer nicht mehr zu verantwortenden Weise bemerkbar. Aus Artilleristen sind längst Alarmeinheiten gebildet und infanteristisch verwendet. Die "Feuerwehr" der Division, die sich schon so oft glänzend bewährte "Sturmgrenadierkompanie", verstärkt durch die "mot.Sturmbegleitbatterie", ist längst schon zur Verstärkung der Abwehr eingesetzt. Nicht einen Mann an Reserve hat die Division noch verfügbar und an ein Nachlassen der Wucht der Feindangriffe ist nicht zu denken. Die Lage scheint ausweglos! – Da kommt endlich gegen Mittag der langersehnte Befehl, Puschkin zu räumen, die H.K.L. zurückzunehmen und ohne Zwischenstellung auf die Ishora-Stellung zurückzugehen! Der Absetzbefehl kam wirklich in allerletzter Minute!

Katharinen-Schloß in Puschkin nach einer Zeichnung von Uffz. Sigling.

Schloß Puschkin, Alexanderpark.

Die Schinkel-Kapelle in Peterhof, erbaut von dem berühmten deutschen Architekten Friedrich Schinkel (1781 – 1841).

Am "Tollen Eck" bei Alexandrowka vor dem Park von Puschkin. So sah es hier am 18. 1. 44 aus.

Rückzug nach Pleskau
24. Januar bis 28. Februar 1944

Die Nordfront war in Bewegung gekommen. Die Duderhofer Höhen, Krasnoje Selo und Gattschina befanden sich bereits in Feindeshand. In der Nacht zum 24. Januar setzte die Division sich ab. Der links von der Division vorbeigestoßene Gegner hatte jedoch mit starken Teilen die Ishora erreicht, so daß sich viele Teile der Division die ihnen zugewiesenen Abschnitte in der neuen Stellung erkämpfen mußten. Erbitterte, völlig unübersichtliche Nachtgefechte flackerten auf. Gegen 8.00 Uhr meldeten jedoch alle Teile das Erreichen der ihnen zugewiesenen Abschnitte. Die Division war der ihr drohenden Vernichtung entgangen. Die Ishora-Stellung besaß zwar so gut wie keine vorbereiteten Verteidigungsanlagen; doch stieß der Russe nur zögernd nach, so daß die völlig übermüdeten und erschöpften Einheiten, die seit Beginn des Großkampfes am 14. Januar – also seit vollen zehn Tagen und Nächten – nicht zur Ruhe gekommen waren, ein paar Stunden Erholung hatten.
Am 25. und 26. Januar setzten sich die Einheiten der Division weiter ab, durch enge Waldschneisen, Sümpfe und Morast, über endlose Kilometer in Richtung Wyriza. Sie waren ganz auf sich allein gestellt, hatten tagelang keine Verbindung zur Division und keinen Nachschub an Verpflegung und Munition, auch keine Möglichkeit, Verwundete und Männer mit Erfrierungen zum HVP zu bringen. Sie kämpften sich durch knietiefen Schnee mit geschwollenen Füßen, durchnäßten Kleidern, wobei man die Spurkommandos vorne immer wieder auswechseln mußte. Dieser Marsch wurde unter dem Begriff "Hungermarsch" Divisions-Geschichte.
Ein weicher, windstiller Winterabend neigt sich hernieder, als die infanteristischen Teile in dem befohlenen Raum um Wyriza eintreffen und zur Verteidigung des Ortes eingesetzt werden. Diese Stadt war eine deutsche Lazarettstadt, aber schon vor unserem Eintreffen verlassen. Auf der Rollbahn nach Ssiwerskaja zieht Kolonne hinter Kolonne, zum Teil in Dreierreihen, nach Westen.
Am 27. Januar 1944 war der Feind mit starken Kräften an Wyriza vorbeigestoßen. Die Gefahr der völligen Einschließung wuchs von Stunde zu Stunde. Das Korps befahl die Räumung des Ortes und die Vernichtung aller nicht am Mann zu tragenden Waffen und Geräte, sowie die weitere Absetzung. Die infanteristischen Teile wurden von ihren motorisierten und bespannten Teilen, einschließlich Artillerie, Feldküchen etc., getrennt. Alle Fahrzeuge schlossen sich zu einer Marschgruppe zusammen und fuhren über die immer wieder feindbedrohte Rollbahn nach Ssiwerskaja. Praktisch hatte man wenig Hoffnung, sie jemals wieder zu sehen. Um die infanteristischen Teile der Marschtruppe aus den feindbedingten Stockungen der Rollbahn herauszuhalten, wurde ihr als Rückmarschweg der nach Süden führende Bahndamm zugewiesen. Nun beginnt ein Nachtmarsch, der allen Beteiligten in ewiger Erinnerung bleiben wird!

Schweigend stapft die lange Kolonne zwischen dem Schienenstrang, über die Schwellen stolpernd, dahin. Die Filzstiefel sind durch den dauernden Wechsel zwischen Frost und Tauwetter zerrissen, die Tarnbekleidung in den voraufgegangenen Kämpfen zerfetzt. So ziehen sie dahin, die Grenadiere und Füsiliere, die Reste der Regimenter, übermüdet, ausgepumpt, das Gewehr im Arm. Und mitten unter ihnen ihr Divisions-Kommandeur, selbst zum Umfallen erschöpft, aber immer wieder seinen Leuten Mut zusprechend und sie anfeuernd! Wer

kann noch unterscheiden zwischen Offizier und Mann in dieser großen Schicksalsgemeinschaft im Norden des weiten Rußland. Stunde um Stunde geht der Marsch. Doch als die bleierne Morgendämmerung des 28. Januar heraufzieht, da kommt plötzlich Bewegung in die bisher stumpf dahinstapfenden vorderen Teile der Marschkolonne: Aus der Morgendämmerung heraus kriechen plötzlich drei Güterzüge, von dampfenden Lokomotiven geschoben, auf sie zu! Dem Divisions-Kommandeur war es gelungen, diese Züge seiner Truppe entgegenzubeordern. Viehwagen waren es, ohne Stroh, aber noch nie glaubte man besser gefahren zu sein wie an diesem Morgen. Und als die Züge sich mit ihrer erschöpften Fracht in Richtung Westen in Bewegung setzten, erklang doch wahrhaftig aus einem mit müden Landsern vollgestopften Waggon heraus, von heiseren Kehlen gesungen: " Auf der schwäbischen Eisenbahn . . . "
So gelang es, den nötigen Abstand vom Feinde zu gewinnen. Auch die motorisierte und bespannte Kolonne waren glücklich über die Rollbahn gekommen und hatten die Division wieder erreicht. Ein paar Stunden konnte die erschöpfte Truppe ruhen.

Dann ging es weiter zurück im überschlagenden Einsatz, bis hinter die Luga. Die linke Flanke der 215. Infanterie-Division war und blieb offen, wie weit die Lücke klaffte und wo sich der linke Nachbar zurückkämpfte, war zumeist unbekannt. Immer aber stand fest, daß der Russe die Division weit überflügelt hatte und immer neue Truppen durch die Wälder nördlich der Rollbahn nachführte. Um diesen Nachschub an Feindkräften zu stören, erhielt die Division Befehl, entlang der Luga vorzugehen und in die tiefe Flanke des Gegners zu stoßen.
Am 1. Februar tritt ein zu diesem Zweck besonders kampfkräftig gebildeter Verband unter Führung des Kommandeurs G.R. 435 an und stößt völlig überraschend mit unterstellten Sturmgeschützen in starke Feindansammlungen in Ossmino. Es gelingt, große Verwirrung anzurichten und eine Anzahl Panzer und Mannschaftswagen in Brand zu schießen. Drei Tage lang kann sich die Kampfgruppe, ganz allein auf sich gestellt, behaupten und dem Feind immer wieder blutige Verluste und empfindliche materielle Ausfälle zufügen. Dann muß sie massierten Feindangriffen weichen. Im Wehrmachtsbericht vom 6. Februar wird die 215. Infanterie-Division namentlich erwähnt. Als am 14. Februar der Raum um Luga endgültig geräumt wird, ist es sogar möglich, die jeweils frei werdenden Teile im motorisierten Transport in den Raum um Pleskau zur Herauslösung der dort kämpfenden 12. Panzer-Division zu fahren. Am 18. Februar ist die Ablösung in der Stellung ostwärts des Peipus-Sees durchgeführt. Aber auch hier greift der Russe immer wieder mit starken Kräften und vielen Panzern an, aber es gelingt, den nachdrängenden Feind so lange von dem wichtigen Knotenpunkt Pleskau fernzuhalten, bis die sich von Osten her zurückkämpfenden Divisionen abgeflossen sind und eine neue "endgültige" Stellung zwischen Pleskau und Ostroff bezogen haben. Auch diese Kämpfe bis zum 28. Februar sind hart. Immer wieder werden höchste Anforderungen an alle eingesetzten Teile gestellt. Schneeverwehungen, unwegsame Wälder, offene Sümpfe und Morast machen das Kämpfen und Leben schwer. Und immer wieder die erdrückende zahlenmäßige Überlegenheit des Feindes gegen die eigenen dezimierten Einheiten!
So bezieht endlich am Ende dieser Großkampfwochen die Division am 29. Februar den ihr zugeteilten Abschnitt in der Pantherstellung südlich Pleskau. Der Feind drückt nicht mehr in der nun schon gewohnt gewordenen Weise nach. Der Schwung seines Vorstoßes ist in den riesigen Wäldern zwischen Leningrad und Peipus-See von dem zähen Widerstand der deutschen Divisionen während ihrer Absetzbewegungen gedämpft worden. Er braucht Zeit, seine Verbände aufzufüllen und zu ordnen. So kommt die Division endlich zu einer kurzen Ruhepause. Ersatz aus der Heimat trifft nach und nach ein, die Stellungen werden verbessert, der Stellungskrieg beginnt wieder.

Absetzen bei Nowo Lissino am 25. Januar 1944.

Der Rest der kämpfenden Teile der 215. I. D. marschiert auf dem Bahndamm von Wyriza nach Süden, General, Offiziere und Männer, Mann hinter Mann, dazwischen Kettenkräder, Februar 1944, eine Zeichnung von Uffz. Sigling.

Rückmarsch der Troßteile nach Estland. Die 10./390 in Jogeva am 6. Februar 1944.

Das I./435 in Sokolowo am 24. 1. 1944.

Ein leichtes Infanteriegeschütz in Stellung bei Krasnyje Gori, Februar 1944.

Gefechtsstand G.R. 380 bei Poz Beli, Nähe Peipussee, Februar 1944.

Der "Triumphzug" nach Luga, 28. Januar 1944.

Rückzugskämpfe, Nähe Luga, Februar 1944.

Aufbau des TVP des I./435 auf dem Rückmarsch, Februar 1944.

Zwischen Luga und Pleskau, 14. 2. 1944.

Gefechtsstand des II./380 nördlich Pleskau.

Rückzugskämpfe von Luga nach Pleskau. Bunkerofen in einer Schneestellung.

Die Winteranzüge tarnen die rastenden Soldaten im Schnee.

In langen Reihen ziehen die Kompanien durch brennende Dörfer nach Südwesten.

Rückzug nördlich Pleskau, die 10./380 mit dem Panjeschlitten des Kompanietrupps.

Bespannte Trosse auf dem Rückmarsch nach Luga, Februar 1944.

Abwehrschlacht südlich von Pleskau
März bis April 1944

Gegen Ende März häufen sich die Anzeichen, die auf einen erneuten Angriff schließen lassen. Alle Vorkehrungen zur Abwehr werden getroffen. So kommt das am 31. März gegen 7.00 Uhr einsetzende einstündige Trommelfeuer auf den rechten Divisions-Abschnitt und auf die benachbarte 212. Infanterie-Division nicht unerwartet. Mit starken infanteristischen Kräften, von Panzern und Salvengeschützen unterstützt, bricht der Angriff gegen die Naht zwischen der 215. und 212. Infanterie-Division vor.
Einbrüche, die am eigenen rechten Flügel erzielt werden und im Großangriff unvermeidlich sind, werden in sofort angesetzten Gegenangriffen bereinigt. Reserven werden noch bei Tage an die gefährdeten Stellen vorgeführt. Die Schlacht wogt den ganzen Tag über hin und her. Fünf feindliche Regimenter griffen allein gegen den Abschnitt des Regiments G.R. 380 an, doch erzielte der Feind bei hohen blutigen und materiellen Verlusten keinen nennenswerten Gewinn. Aber es scheint das unglückliche Schicksal der 215. Infanterie-Division in diesem Feldzug in Rußland zu sein, daß sie bei allen Großkämpfen bei eisernem Halten ihrer eigenen Stellungen durch einen Feindeinbruch beim Nachbarn überflügelt und aus ihrer Stellung gehoben wird!
So war es auch wieder an diesem 31. März. Der Anschluß zum rechten Nachbarn ging verloren, der Feind weitete seinen Einbruch dort in Richtung Rollbahn aus, die rechte Flanke der Division war offen! Es blieb also wieder nichts anderes über, als den rechten Flügel umzubiegen und mit schnell herbeigeführten Reserven in die Tiefe zu verlängern. Die Division hatte wieder einmal ihre Sorgen!
Am 1. April setzte der Russe seine Angriffe im Einbruchsraum bei der 212. Infanterie-Division und auf den rechten Flügel der 215. Infanterie-Division fort.
Es gelingt ihm, die Rollbahn nach Westen zu überschreiten. Korps und Armee schaffen Reserven heran. Im Befehlsbunker der Division in Panitschja-Gorka herrscht Hochbetrieb. Immer wieder heißt es, Reserven schaffen, um neue Kräfte für die rechte Flanke zu gewinnen. Denn immer weiter dehnt sich der Einbruch bei der 212. Infanterie-Division aus. Doch die Front der 215. Infanterie-Division hält stand. Gespenstisch ragen die Baumstümpfe des Waldes um die Schule Kryschewo in die Luft – kein Baum ist hier, der nicht von Granatsplittern abgeschält wäre. Jeden Tag wechselt die Krapiwinka-Schlucht mindestens zweimal den Besitzer. Nachts führen Stoßtrupps mit Sturmgeschützen blitzschnelle Gegenstöße. Ein Fesselballon steht tagelang über der Front, von ihm aus lenkt ein russischer Beobachter das Feuer auf die kleinste Bewegung.
Noch einmal, am "schwarzen Karfreitag", rast das Artillerie- und Granatwerferfeuer über die Stellungen der Division, brechen Panzer in dünnen Linien ein, erleiden die Kompanien schwere blutige Verluste. Am Ostersamstag läßt das Feuer nach und am Ostersonntag verstummen die Geschütze. Der Russe muß seinen Durchbruchsversuch als gescheitert ansehen.
Durch eigene Stoßtrupptätigkeit wird der Frontverlauf an der durch den Einbruch neu entstandenen und unter dem Druck der ständigen Feindangriffe nur provisorisch aufgebauten neuen Südfront der Division verbessert. Abschnitte werden neu eingeteilt, Nachrichtenverbindungen neu verlegt und verstärkt und mit Eifer geht es an den Ausbau der neuen Stellung.

Verleihung des Ritterkreuzes an Oberstlt. Heidbrink, rechts von ihm: Hptm. Hauenschild, Lt. Bayer. Ob.Zahlmeister Meusel, Oblt. Steffen, Ob.Arzt Dr. Haas und Oblt. Moser, alle G.R. 435, März 1944, links Generallt. Frankewitz.

Schneeschmelze und Eistreiben auf der Welikaja, März/April 1944.

Russische Kirche an der Welikaja bei Goloduscha. Das Eis der Welikaja bricht auf.

Ein Schwimm-Volkswagen der Panzer-Jäger-Abteilung 215 auf der Fahrt südlich Pleskau.

Der jüngste Ritterkreuzträger der Division, Oblt. Mehrle, erhielt die Auszeichnung an seinem 22. Geburtstag, April 1944.

Pleskau an der Welikaja.

Auffrischung und Abwehrkampf bei Ostroff Mai bis Juni 1944

Im Juni 1944 wird die Division aus ihrem wieder so tapfer verteidigten Abschnitt in der Pantherstellung herausgelöst, um endlich einmal wirklich die schon so oft versprochene Ruhezeit hinter der Front zu erhalten. Vier Wochen Ruhe! Ein Aufatmen geht durch die Reihen der alten Krieger, die seit ihrem Abtransport aus Frankreich im November 1941 aus dem ununterbrochenen Einsatz nicht mehr herausgekommen sind. Vier Wochen lang soll intensive Ausbildung betrieben werden, um die Division wieder für neue Einsätze stark zu machen. Die Ablösung ging vom Feinde ungestört, vielleicht sogar ungesehen vonstatten. In Friedensmärschen bewegten sich die Einheiten in die ihnen zugewiesenen Räume nordwestlich Ostroff. Unterkünfte wurden in Scheunen und Häusern der verhältnismäßig großen und sauberen Dörfer bezogen. Ersatz wurde zugeführt, die Waffen wurden erneuert, die Division erhielt eine Sturmgeschütz-Kompanie und eine 2-cm-Flak-Kompanie als wichtige Verstärkung. – Diese Wochen sollten die einzige Ruhezeit sein, welche der Division von 1941 bis 1945 vergönnt wurde.
In diesen Tagen kam die Nachricht von der Verleihung des ersten Eichenlaubs an einen Soldaten der 215. Infanterie-Division, an Hauptmann Konrad Zeller, für die hervorragende Führung des G.R. 380 in den Kämpfen zwischen Puschkin und Pleskau und in der Abwehrschlacht südlich Pleskau. Es war eine Anerkennung der Leistungen der ganzen Division. Oberstleutnant i.G. Schelm, der seit Beginn des Rußlandfeldzuges der Ia des Divisionsstabes war, wurde zu anderer Verwendung abberufen. An seine Stelle trat Oberstleutnant i.G. Prätorius, der bis zum bitteren Ende bei der Division blieb. Die Division erhielt eine Sturmgeschütz-Kompanie zur Panzer-Jäger-Abteilung, die eine wesentliche Verstärkung bedeutete. Am 20. Juni 1944 ist die Division wieder eingesetzt: Nordwestlich von Ostroff werden Stellungen bezogen und wenige Tage später beginnt die feindliche Offensive. Zwei Tage lang greifen russische Schützendivisionen an, diesmal auf breiter Front auseinandergezogen. Doch die Kampfmaschinerie der Division arbeitet reibungslos. In zusammengefaßtem Artilleriefeuer bleiben feindliche Panzer liegen, jede Einbruchstelle wird sofort abgeriegelt, in den Nächten marschieren Reserven in die vordere Linie, Sturmgeschütze rollen in die Bereitstellung. Nach drei Tagen harter Kämpfe ist die H.K.L. bis auf den letzten Meter in der Hand der 215. Infanterie-Division und der Gegner stellt seine Offensive ein.

Parade anläßlich der Verleihung des Eichenlaubs an Hptm. Konrad Zeller am 20. Juni 1944, von rechts: Oberstleutnant Herb, General Frankewitz, Hptm. Zeller.

Hauptmann Zeller

An der estnischen Grenze am 12. 6. 1944.

In Ruhe an der estnischen Grenze. Ein friedlich anmutendes Bild, 12. 6. 1944.

Mit energischen Gegenstößen hielten die Grenadiere der 215. I. D. die Stellung südlich Ostroff ohne jeden Geländeverlust.

Kämpfe südlich Dünaburg
Juli 1944

Im Mittelabschnitt der Ostfront waren die russischen Armeen durchgebrochen, wurden die deutschen Divisionen eingekesselt, zerrieben und versprengt. Die Heeresgruppe Nord, die ihre Front von Narwa bis Polozk gehalten hatte, verlor an ihrem rechten Flügel die Verbindung mit der Heeresgruppe Mitte. Eilends wurde in den letzten Tagen des Juni unsere 215. Infanterie-Division aus ihren Stellungen bei Ostroff herausgelöst und im Eisenbahntransport nach Süden geworfen. Bei der Ausladung im Raum von Kraslau an der Düna munkelte man von einer deutschen Gegenoffensive nach Süden. – Doch ehe solche strategischen Pläne Wirklichkeit werden konnten, waren schon die russischen Vorausabteilungen da, mit motorisierter Infanterie, Pak und vielen Granatwerfern. Sie stießen durch das Seengelände südlich der Düna vor und bedrohten Dünaburg. Auf einer Frontbreite von etwa 30 Kilometern verteilt, wurden ihr die Verbände der 215. Infanterie-Division entgegengestellt. Und die Soldaten der Division, die drei Jahre lang nur Abwehrschlachten, Rückzüge, Stellungskrieg und Grabenkämpfe mitgemacht hatten, stellten sich über Nacht auf einen atemberaubenden Bewegungskrieg um. Bewegungskrieg im Seengelände südlich Dünaburg: Jede Stunde wechselte die Lage. Das Regiment 435 stieß in kühnem Angriff nach Widze vor und blockierte dort, 30 Kilometer vor den übrigen deutschen Verbänden vorgeschoben, die russische Vormarschstraße. Verpflegung und Munition konnte nur in bewaffneten Geleitzügen zu den Kampftruppen gebracht werden. Tag und Nacht, bis zum Umfallen müde, fuhren die Männer der Nachschubeinheiten Munition von Dünaburg nach der Front. Verpflegung gab es hier, in dieser gesegneten Ecke zwischen Lettland, Litauen und Polen zur Genüge; Ferkel und Federvieh wurden am Spieß gebraten, Butter und Milch fand sich in Fülle.

Um den 10. Juli hatte der Feind Panzerverbände und Artillerie herangezogen, die Front erstarrte und die Division verteidigte die Landengen zwischen den großen Seen. Vom 10. bis 15. Juli versuchten Gardedivisionen und Panzerverbände der Russen, die 200 Kilometer weit keinen Widerstand mehr gefunden hatten, durch die Front der 215. Infanterie-Division nach Dünaburg durchzubrechen. In schweren Panzerkämpfen wechselte Karasino zwischen dem Dryswiaty-See und dem Ricu-See mehrmals den Besitzer. Tiger und Sturmgeschütze rollten durch wogende, goldgelbe Kornfelder; schwarz standen die Rauchsäulen brennender T34 am blauen Sommerhimmel; durch die riesigen Laubwälder wogte Angriff und Gegenangriff. Lettische und estnische Verbände kämpften hier Schulter an Schulter mit den württembergisch-badischen Grenadieren. Und es gelang, den russischen Vormarsch zu stoppen, die Gefahr für Dünaburg und die ganze Nordarmee abzuwenden. Wenige Tage gab der Gegner Ruhe, gruppierte seine Verbände um, dann rannten am 22. und 23. Juli wieder die russischen Bataillone gegen die dünnen Linien der Division an. Berenhof wurde eingeschlossen und erst nach tagelangen Kämpfen entsetzt. An den Ufern des glasklaren Dryswiaty-Sees brachen feindliche Panzer durch, kreuzten hinter dem Regimentsgefechtsstand des G.R. 380 durch die Felder. Am Ricu-See hatten die Kompanien des Feldersatz-Bataillons die Verbindung untereinander verloren und kämpften völlig auf sich allein gestellt. Trotz dieses Durcheinanders gelang es, einen Durchbruch zu verhindern; am 25. Juli gab der Feind die Offensive auf Dünaburg auf. Die 215. Infanterie-Division hatte sich in schwierigstem Einsatz erneut bewährt.

Die IV./AR. 225 in Ruhestellung bei Dünaburg.

Ein friedliches Bild am Karasino-See, 18. 7. 1944. Im Raum Pleskau – Dünaburg – Bauske – Riga sahen wir viele Storchennester.

In Ruhe bei Karasino, 23. 7. 1944.

Rückzug nach Bauske, 27. 7. 1944.

Lazarettschiff "Berlin" vor Anker bei Riga-Dünamünde am 28. 7. 1944. Es brachte Verwundete, darunter auch viele Angehörige der 215. I.D. nach Danzig-Neufahrwasser und ins Reich.

Der Dryswiaty-See (Nordufer) bei Dünaburg.

Ein Transportzug in Dünaburg nach einem russischen Fliegerangriff.

Funker des VB der IV./AR 225 bei Dünaburg, Sommer 1944.

Dünaburg, Juli 1944.

Sturmgeschütze der Sturmgeschützkompanie 215 auf dem Weg zur Front südlich Dünaburg bei Zungaben, Juli 1944.

Angriffe und Abwehrkämpfe zwischen Birsen und Bauske Juli bis September 1944

Weiter westlich hatten russische Verbände schon wieder die deutschen Kräfte überflügelt, Vorausabteilungen waren über Mitau bis zur Küste vorgestoßen, Riga wurde von Süden her bedroht. In den letzten Julitagen löste sich die Division aus ihren so zäh verteidigten Stellungen und wurde – die Grenadiere im Lkw-Transport – 250 Kilometer weit nach Westen, in das Gebiet von Bauske und Birsen verlegt. Hier standen auf Dutzende von Kilometern Frontbreite nur einige Flakeinheiten, sogenannte "Sperrverbände" und verteidigten die wichtigsten Straßen. Wieder begann ein toller Bewegungskrieg. Bauske wurde genommen und ein Brückenkopf über die Aa gebildet. In glühender Sonnenhitze stürmte das G.R. 390 am 2. August die Stadt Birsen mit ihrem weithin leuchtenden weißen Doppelkirchturm, wurde eingeschlossen, kämpfte sich frei, stieß wieder nach Birsen vor, wurde wieder eingeschlossen, kämpfte sich wieder durch . . . In diesen Gefechten bewährten sich immer mehr, wie schon bei Pleskau, Ostroff und Dünaburg, die Sturmgeschütze als wirksame Unterstützung der Infanterie. Die Sturmgeschütze der Panzerjäger-Abteilung 215, wie auch der Heeres-Sturmgeschütz-Brigaden 184, 227 und 904 waren immer wieder der beste Schutz gegen feindliche Panzer, der Kern des Angriffs, die "Korsettstangen" der Verteidigung. So gelang es, beiderseits Bauske eine zusammenhängende Front aufzubauen. An dem Ufer der Aa, vor den Toren von Bauske und zwischen den weiten Hügelketten des lettischen Landes, in den alten Sitzen der baltischen Barone, baute die Division ihre Stellungen und Gefechtsstände aus. Doch war ihr Abschnitt viel zu breit, über 30 Kilometer sollten gehalten werden, von denen weite Strecken durch kampfungewohnte Verbände, Polizei und Letten, notdürftig gesichert wurden. Die Front der Division war nur ein dünner Schleier, auf 4 Kilometer Frontbreite stand nur eine Batterie des Artillerie-Regiments!

Am 16. August trommelte der Feind auf Bauske, griff den Brückenkopf über die Aa an und drang bis zum Marktplatz der Stadt vor. Er wurde in hartnäckigen Straßen- und Häuserkämpfen geworfen. Dann folgten vier Wochen eines ruhigeren Stellungskrieges. Ein seidig blauer Himmel spannte sich über die weiten Felder; wohl nirgends auf der Welt ist der späte Sommer so zauberhaft, von so stillem Reiz, wie im Baltikum. Am 14. und 15. September griffen zahlreiche frische russische Divisionen bei Bunga, sowie beiderseits Bauske an. Was nützte der verbissene Widerstand an jedem Haus, jedem Waldrand? Der dünne Schleier der Front zerriß und durch die Lücken strömten feindliche Panzer in den Rücken der Divisionen. Im Nahkampf wehrten sich Gefechtsstände und Batteriestellungen der Artillerie, verzweifelt feuerten die Kanoniere in direktem Beschuß auf die Panzer, immer mehr kamen aus den Wäldern angerollt, umgingen die deutschen Stellungen und fuhren mit klirrenden Ketten nach Norden. Verbandsplätze wurden angegriffen, Trosse aufgerieben, Geschütze mußten gesprengt werden, die Garnison Bauske wurde eingeschlossen. In der Nacht zum 16. September kämpften sich die Reste der

Division in kleinen Gruppen, ohne Verbindung miteinander, nach Norden. Dennoch wurde es keine regellose Flucht. Am 16., 17. und 18. September wurden tagsüber Hügelstellungen gehalten, in der Nacht wurde jeweils zehn bis 15 Kilometer marschiert. Endlich brachte eine deutsche Panzerdivision Entlastung und im Waldgelände südlich Oger grub sich der Rest der Division erneut zur Verteidigung ein.

Die Schlacht bei Bauske vom 15. bis 19. September war für die 215. Infanterie-Division die verlustreichste des Krieges. Der Kommandeur des G.R. 435, Oberstlt. Heidbrink, war gefallen; die Artillerie, die Trosse und Nachschubeinheiten hatten schwer gelitten, die Infanterie war ausgeblutet. Das Grenadier-Regiment 390 zählte am 19. September noch eine Kampfstärke von vier Offizieren und 52 Unteroffizieren und Mannschaften!

Der 215. Infanterie-Division war die SS-Kampfgruppe Gieseke, vom 30. Juli 1944 bis 20. September 1944, unterstellt. Der SS-Brigadeführer und Generalmajor der Polizei Gieseke befehligte einen gemischten Verband aus lettischen Truppen und deutschen Polizeiangehörigen, dem über die Dauer der Unterstellung Major Zeller als Ia zugeteilt wurde.

Die Kampfgruppe sicherte den linken Flügel im Raum Birsen und Bauske. Bedingt durch die Eigenartigkeit der Zusammensetzung der Kampfgruppe war die Befehlsgebung sehr schwierig. Es wurden mehrere bewaffnete Aufklärungen und auch Angriffe gegen starke feindliche Sicherungen durchgeführt. Diese Truppe war waffentechnisch und vor allem nachrichtenmäßig bestens ausgerüstet. Im September zeigten sich unter den lettischen Soldaten gewisse Auflösungserscheinungen, weil der Krieg in ihrer Heimat tobte. Die Kampfgruppe wurde vor allem aber der hohen Verluste wegen aufgelöst und ihre Reste unter dem bewährten Hauptmann der Polizei Held als "Polizei-Bataillon Held" im Rahmen der Division weiter eingesetzt.

Ein Flüchtlingstreck.

Die Kameraden freuen sich mit, wenn einer der ihren eine hohe Tapferkeitsauszeichnung erhält.

Kämpfe südlich Schönberg, von der Kirche aus aufgenommen.

Der Einsatz der drei Tiger-Panzer wird genau abgesprochen, August 1944.

Die bekannte russische "Ratsch-Bumm".

Die deutsche Pionierbrücke über die Aa in Bauske am 29. 8. 1944.

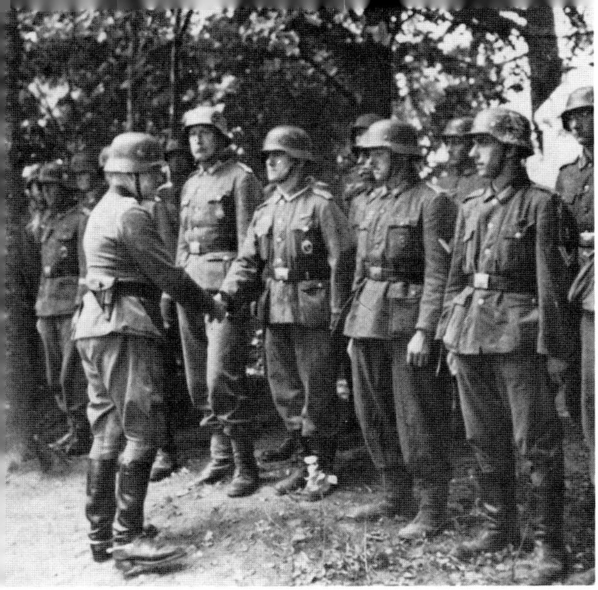

Der Divisionskommandeur begrüßt Männer der Stabskompanie 380 bei Bauske, August 1944.

Pfarrer Bauer segnet die Gräber gefallener Soldaten auf dem Friedhof Code/Lettland, August 1944.

Ruine Bauske mit dem Fluß Aa (Memele).

Abwehr- und Rückzugskämpfe im Raum Riga September bis Oktober 1944

Heute ist es kaum zu glauben, daß diese ausgeglühte Division weiterkämpfte, ihren – nunmehr kleineren – Abschnitt südlich Oger hielt, vom 19. bis 24. September mehrere von Panzern unterstützte Feindangriffe abwehrte und zahlreiche Gegenstöße in dem unübersichtlichen Waldgelände ausführte.

Ende September wurde der Divisionsstab abberufen um als "Verkehrsstab Frankewitz" den Abmarsch der Heeresgruppe aus dem Brückenkopf Riga über eine einzige Straße zu dirigieren. Die Einheiten der Divisionen wurden der badisch-württembergischen Schwesterdivision, der 205. Infanterie-Division, unterstellt. Im Verband dieser Division begann am 8. Oktober der Rückzug aus der Oger-Stellung. Es war wohl die einzige, wirklich planmäßige Absetzbewegung, die wir in diesem Krieg erlebten. Jede Nacht wurden neue, vorbereitete Stellungen bezogen. Die Pioniere – die unermüdlichen treuen Helfer der Infanterie – legten Minensperren, welche die nachdrängenden Panzer aufhielten. Jede Stellung wurde befehlsgemäß gehalten.

Am 13. Oktober besetzte der Gegner den östlich der Düna gelegenen Teil von Riga, während sich die Kampfgruppen der 215. Infanterie-Division westlich des Flusses am Stadtrand verteidigten.

Im Morgengrauen des 14. Oktober blickten die Männer der Nachhut als letzte deutsche Soldaten noch einmal über den breiten Strom auf die Türme der weißen Stadt. Dann rollten die Sturmgeschütze mit der letzten Gruppe nach Westen.

Unaufhörlich drängte der Gegner nach, in der Mitau-Stellung bellten die Kanonen der T34, mußten feindliche Infanterie-Verbände in harten Waldgefechten zurückgedrängt werden. Dann endlich bekam die Division um den 20. Oktober einige wenige Tage der Ruhe.

Ruhe? Die Division wurde umgegliedert, das ruhmreiche Grenadier-Regiment 435 mußte aufgelöst werden, es wurde als I./435 in das Regiment 390 eingegliedert, das ebenfalls nur noch aus einem Bataillon bestanden hatte. Genesene und Ersatzleute kamen, die schlimmsten Mängel an Fahrzeugen, Waffen und Geräten wurden behoben und schon wieder bezog die Division am 25. Oktober Stellungen im Raum von Autz in Kurland.

Notbrücke über die 800 Meter breite Düna nach Riga, 9. 10. 1944.

Abwehrschlachten im Kurland-Brückenkopf Oktober 1944 bis Februar 1945

Erste Kurland-Schlacht.

In Panzerdeckungslöchern und wenigen flachen Gräben lagen die Landser der vorderen Linie, der kalte Regen durchweichte die zerschlissenen Uniformen, die Herbstkälte drang in alle Glieder. Am Morgen des 27. Oktober dröhnte das Trommelfeuer, heulten die Raketen der Stalinorgeln, krachten die Granaten, stundenlang – die erste Schlacht um Kurland begann. Das Feuer stand dem vom 15. Januar 1944 vor Leningrad nur wenig nach. Kurland, abgeschnitten von der Front in Ostpreußen, mußte halten. Jeder Soldat hatte vor sich den Feind und die russische Gefangenschaft, hinter sich das Meer. Längst glaubten wir nicht mehr an "Wunderwaffen" – es ging nur noch um das nackte Leben.
Immer wieder schlägt das "Urrääh" der russischen Angriffstruppen den lichter werdenden Kompanien entgegen, immer wieder wühlen sich die Spaten in die kurländische Erde, fassen die Soldaten die Maschinengewehre und Gewehre, schießen, leiden und sterben. Bis zum 5. November tobt die erste Kurlandschlacht. Die Division gibt in tagelangem Ringen nur 1.500 Meter Gelände preis, dann greifen die zusammengeschmolzenen Kompanien westlich des Lielauce-Sees wieder an und schließen eine gefährliche Lücke zur 389. Infanterie-Division. Als am 6. November die Geschütze verstummen, wußte jeder, daß die Ruhe nicht von Dauer sein würde, daß die russischen Armeen nur Atem holten für den nächsten Ansturm.

Zweite Kurland-Schlacht.

Diese ließ nicht lange auf sich warten. Der 11. November erschütterte erneut die Erde, rollten wieder die Feindpanzer heran. Zwei russische Divisionen griffen den Abschnitt der 215. Infanterie-Division an, versuchten in dieser zweiten Kurland-Schlacht einen Durchbruch zum Meer. Tagelang wurde um die Kalvas-Höhen und das Dörfchen Zemgali gerungen, in der kritischsten Stunde kamen Panzer der 12. Panzer-Division zu Hilfe. – Wieder einmal brach der Gegner seinen Versuch, die Front der Division zu durchbrechen, unter hohen Verlusten ab. Unsere Division war in Abwehrschlachten erfahren und hart geworden, wie es zu dieser Zeit nur noch wenige Divisionen des deutschen Heeres waren. Besonders ist die ausgezeichnete Zusammenarbeit zwischen der Artillerie und den Infanterie-Einheiten zu erwähnen, die Gefechtsstände der Artillerie-Abteilungen waren immer enger mit denen der Grenadier-Regimenter verwachsen.
Die alten, erfahrenen VB schützten "ihre" Infanterie-Kompanien durch wohlgeleitetes Feuer. Bei Zemgali wurde ein Sowjet-Offizier gefangen. Auf die Frage, warum wohl der Durchbruch seiner Einheit mißlungen sei, sagte er nur: "Eure verdammte Artillerie . . . "
Als nach dieser Schlacht die Division Mitte November abgelöst wurde, gab sich auch der jüngste Landser nicht der Illusion hin, daß wir als Armeereserve lange Ruhe haben würden. Sofort mußte ein Bataillon abgestellt werden zur Verteidigung der Halbinsel Sworbe, des letzten von deutschen Truppen gehaltenen Zipfels der Insel Ösel. Kaum eine Nacht hatten die Soldaten des I./435 nach der Ablösung geschlafen, als sie bei Frost und Glatteis auf Lastwagen nach Windau gebracht und in offenen Fähren nach Sworbe verschifft wurden. Hier hielt das Bataillon eine Woche lang eine Stellung, deckte den Rückzug anderer Einheiten und kehrte über See wie-

der zur Division zurück. Es hatte auf Sworbe genau die Hälfte seines Bestandes durch Tod oder Verwundung verloren.
Am 20. November zog unsere Division durch kniehohen Schlamm in eine neue Stellung südlich Frauenburg. Wieder einmal begann der Alltag des Stellungskrieges mit Späh- und Stoßtrupptätigkeit, mit endlosem Postenstehen und Ausbau der dürftigen Gräben und Bunker. Der Winter zog ins Land, der vierte Kriegswinter, den die Division an der Ostfront erlebte. Wieder einmal gab es für die Truppen in den Stellungen keine Ablösung, die Einheiten waren zu schwach, als daß Reserven hätten gebildet werden können. Und dabei zeichneten sich immer deutlicher die Vorbereitungen zu einer neuen großen Offensive des Feindes ab.

Dritte Kurland-Schlacht.

Am Morgen des 20. Dezember brach die Hölle los. Ein dreistündiges Trommelfeuer leitete die dritte Kurland-Schlacht ein, die schwerste der sechs Schlachten um Kurland. In Feuer und Rauch war die Front unserer Division und die der rechts anschließenden 205. Infanterie-Division gehüllt. Dem Ansturm von sechs russischen Schützendivisionen konnte die vordere Linie nicht standhalten. Wieder einmal, wie schon so oft, schmolzen die Infanterie-Kompanien zu Gruppenstärke zusammen. Als Bollwerke des Widerstandes wurden die Bataillons- und Regiments-Gefechtsstände, Stellungen der Pak und Artillerie in der Tiefe des Kampffeldes gehalten. Immer neue Gegenstöße der Grenadiere und der Sturmgeschütze bremsten die Wucht des feindlichen Angriffs, ließen ihn verzetteln und verbluten. Jede 100 Meter auf dem Wege nach Frauenburg wurden von den Russen mit ungeheuren Menschenopfern erkauft, aber auch die Division opferte in jedem Waldstück, an jedem Bunker, tapfere Kämpfer. Nirgends wurde eine Stellung so zäh und erbittert verteidigt, wie hier in Kurland. – In den Hauptverbandsplätzen operierten die Ärzte Tag und Nacht, oft drei Nächte hintereinander, ohne eine Stunde Schlaf. Schwer stöhnten die Verwundeten in den Sankas, die durch die Nacht nach Libau fuhren, von wo die Schiffe die einzige Verbindung mit Deutschland hielten. An Weihnachten beruhigte sich die Front. Der Wehrmachtsbericht meldete, daß die württembergisch-badische 215. Infanterie-Division in der dritten Schlacht um Kurland 111 Feindangriffe über Kompaniestärke abgewehrt hatte. Wieviel Tapferkeit, wieviel Leiden, wieviel Zähigkeit, verbergen sich in diesem kurzen Satz!

Vierte Kurland-Schlacht.

Es folgte ein neues Atemholen des Feindes, bis am 23. Januar 1945 die vierte Kurland-Schlacht losbrach. Dieses Mal lag der Schwerpunkt mehr bei der 205. Infanterie-Division, doch auch die Front unserer Division wurde zwei Tage lang angegriffen. Wieder wurden die Stellungen in Eis und Schnee gehalten: es war dies schon Tradition geworden.
Mitte Februar 1945 wurde die Division auf Befehl des OKW plötzlich abgelöst und nach Libau in Marsch gesetzt, um nach Deutschland verschifft zu werden. Noch einmal hebt sich die Stimmung der hart geprüften Männer. Jeder ist froh, dem Kurland-Brückenkopf zu entrinnen.
In völliger Ordnung, als kampfkräftiger, disziplinierter Verband, wird die Division ab 18. Februar mit Mann und Ross und Wagen, mit Kanonen und Sturmgeschützen, auf Hochseeschiffe verladen, die als letzter Rest der deutschen Handelsflotte Nacht für Nacht zwischen Danzig und Libau pendeln. Alle Schiffe erreichen Danzig-Neufahrwasser oder Gotenhafen, obwohl U-Boote und Flugzeuge lauern.

Angriff südlich Frauenburg zur Rückeroberung einer verlorenen Stellung.

Ruhe vor dem Sturm. In Erwartung eines russischen Gegenstoßes.

Fliegerabwehr der oft lästigen Rata,
2. Kurland-Schlacht.

Bereitstellung zum Angriff N.A. 215,
südlich Frauenburg.

Spähtrupp beim "Vorgehen", viel sehen und nicht gesehen werden.

I.G. der 13./390 in Feuerstellung.

Angriff in Zusammenarbeit mit Panzern und Infanterie.

Gefechtsstand der III./A.R. 215 südlich Frauenburg, Januar 1945.

Unser letzter Ia, Oberstleutnant i.G. Prätorius, in seinem Bunker in Leucenicki, 6 Kilometer südlich Frauenburg, vor sich auf seinem Tisch zwei Fernsprech-Apparate, Karten, Zeichengerät, eine selbstentworfene Tischlampe, akugespeist, mit einem Schirm aus Kartenausschnitten vergangener Schlachten.

Bahnverladung der III./A.R. 215 nach Libau, Februar 1945.

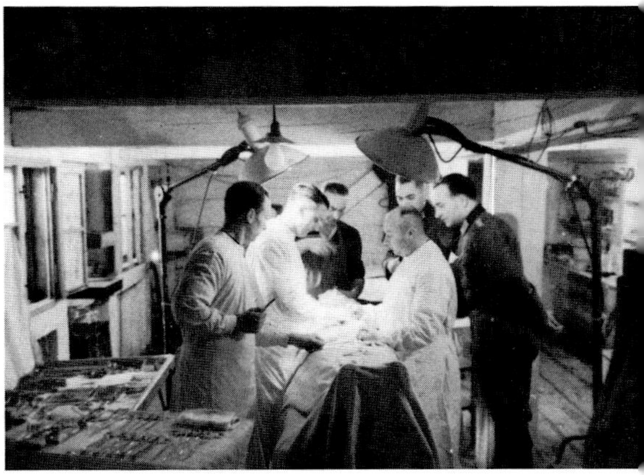

Operations-Bunker, HVP Frauenburg, Dezember 1944.

Verladung im Hafen von Libau zum Seetransport nach Gotenhafen, Stabsarzt Dr. Müller und Lt. Meidinger von der III./A.R. 215, Februar 1945.

Das Ende in Westpreußen und Ostpreußen Februar bis Mai 1945

Die sengende Fackel des Krieges war nach Ostpreußen hineingetragen. Durch deutsche Städte und Dörfer rasselten die T34. Mit Entsetzen im Herzen versuchten deutsche Menschen, Frauen und Kinder, einem grausigen Schicksal zu entfliehen. – Ende Februar 1945 stemmte sich die Division bei Konitz in der Tucheler Heide dem Schicksal entgegen. Ein paar bewährte Divisionen aus Kurland versuchten, die Flut des feindlichen Vormarsches aufzuhalten, doch der Gegner tastete nur ihre Front ab, um dann leicht daneben, bei Volkssturm- und Alarm-Einheiten durchzubrechen. So hielt die Division Tag für Tag ihre Stellung und mußte sich Nacht für Nacht 20 bis 30 Kilometer zurückziehen, weil der Russe seitlich durchgebrochen war. Maßlosen Jammer, nicht zu schilderndes Elend, brachten diese Wochen: Bei Tag zogen die Flüchtlinge in endlosen Trecks über die Straßen, gejagt von der Angst und feindlichen Tieffliegern, bei Nacht mußten die Wagen der Trecks von den Straßen herunter, weil die Fahrzeuge der Wehrmacht zurückrollten. Wer von den Flüchtlingen die neue Auffanglinie bis zum Abend nicht erreichte, blieb zurück oder mußte Pferd und Wagen im Stich lassen und sich zu Fuß weiterretten. Erschütternde Tragödien spielten sich ab, Tausenden wollten wir helfen und konnten nur einzelne mitnehmen. So zog die Division bis Mitte März vor die Tore von Gotenhafen zurück, Danzig war inzwischen gefallen.
In Gotenhafen warteten in überfüllten Kellern über eine Million Flüchtlinge auf den Abtransport. Die rettenden Schiffe sollten sie nach Dänemark oder Schleswig-Holstein bringen. An der Front wurde die Munition knapp, Granaten für Artillerie und Infanteriegeschütze gab es nicht mehr. Trosse und Artillerieeinheiten wurden "ausgekämmt", Alarmbataillone zogen in die vorderste Linie. Im Infanteriekampf unausgebildete Soldaten wurden zur Zielscheibe für die russischen Panzer. "Verheizen" nannte die Landsersprache treffend diese Art sinnlos gewordenen Einsatzes. Und dennoch verteidigten sich die Kampfgruppen in den Föhrenwäldern vor Gotenhafen erbittert, damit Frauen und Kinder gerettet werden konnten. Am 26. März versank Gotenhafen im Qualm der Einschläge. Feindpanzer drangen zum Hafen vor, in den Straßen wurde um jedes Haus, jeden Keller gekämpft. Unzählige Verwundete wurden durch den Hauptverbandsplatz Oxhöft geschleust, der Verwundetenzettel im Knopfloch war die Schiffskarte nach Schleswig-Holstein oder Dänemark.
Am Abend des 26. März fiel Gotenhafen. Die Division klammerte sich an der Oxhöfter-Kämpe fest. Hier folgte das Ende. Die bis auf kleine Reste zusammengeschrumpften Regimenter wurden aufgelöst und mit den Resten anderer Divisionen neu formiert. Der Divisions-Stab wurde abtransportiert, um einer letzten Verwendung im Kampf um Berlin entgegenzugehen. Tief bewegt verläßt der Divisions-Kommandeur die Reste seiner so tapferen Division. Als letzte Einheit führt das G.R. 380 die Tradition der 215. Infanterie-Division fort.
In Döberitz wurde der Divisions-Stab noch einmal als Stab der R.A.D.-Division "Theodor Körner" im Rahmen der 12. Armee verwendet, um an den letzten Kämpfen der deutschen Wehrmacht teilzunehmen.

Unter Oberst Herb wurde das G.R. 380 der 32. pommerschen Infanteriedivision angegliedert, das Pionier-Bataillon 204 und die schwere Artillerie-Abteilung der 215. Infanterie-Division einer Volks-Grenadier-Division auf Hela unterstellt. Und wieder hatte dieser Rest der ehemaligen 215. Infanterie-Division zu kämpfen. Die Oxhöfter-Kämpe wurde vor dem ständig angreifenden Gegner geräumt. Alles Material, das nicht am Mann getragen wurde, mußte gesprengt werden. Die Pferde, die als treue Begleiter durch Jahre hindurch alle Leiden geteilt hatten, mußten halbverhungert und verdurstet erschossen werden. Dann setzte die Kampfgruppe Herb nach Hela über.

Aber nur ein Tag war ihr vergönnt. Schiffe brachten die Kampfgruppe Herb zum letzten Einsatz auf die Landenge vor Pillau. Neun Tage lang dezimierten Massen von Fliegern, Panzern und Artillerie die ohne schwere Waffen ausharrenden letzten deutschen Kompanien. Ein kleines Häuflein wurde am 24. April von Marine-Fähren nach Hela zurückgebracht.
Am 26. April wurde auf Befehl der 32. Infanterie-Division die Regimentsnummer 380 in 94 umgewandelt. Damit erlosch die letzte Tradition der 215. Infanterie-Division. Die Hoffnung, von der Marine abgeholt zu werden, erfüllte sich nicht. Am 8. Mai kapitulierten die Letzten der Letzten auf Hela.

Ankunft in Gotenhafen, Februar 1945.

Gefangenschaft

Von der Kapitulation am 8. Mai 1945 auf Hela, dem Marsch in die Gefangenschaft in das erste Lager Deutsch-Eylau, und von dort aus im Laufe des Sommers zum Arbeitseinsatz in den Weiten der UdSSR, bis zur Heimkehr Ende 1949 oder später, lagen bei vielen Kameraden der ehem. 215. Infanterie-Division vier Jahre oder mehr der bitteren Gefangenschaft. Eine ungeheuer lange Zeit, wenn man sie vor sich hat. Heute – 30 Jahre danach – ist manche Erinnerung nur noch ein flüchtiger Schatten von dem, was es in Wirklichkeit war.

Mehrere Kameraden der ehem. 215. Infanterie-Division hatten das Glück, von Deutsch-Eylau aus nach einer tagelangen Irrfahrt durch Rußland über Minsk–Leningrad–Narwa in Reval, dem heutigen Tallinn in Estland im Katusepapi-Lager ihre Gefangenschaft zu verbringen. Nach dem verlorenen Krieg galt es aber in erster Linie, die Kameraden davon zu überzeugen, sich auf die neuen Verhältnisse einzustellen, was in der ersten Zeit mit leeren Mägen nicht immer leicht war. Daß man sich um einen Fischkopf stritt oder verprügelte, war keine Seltenheit. Die eingeteilten Kompanieführer, selbstverständlich ohne Orden und Dienstgradabzeichen, waren um ihre vom Russen befohlenen Führungsaufgaben nicht zu beneiden. Oft gab es mit den russischen Vorgesetzten harte Auseinandersetzungen, wenn ein vorgeschriebenes Soll wegen Hunger, Krankheit oder wegen mangelnder Arbeitsgeräte nicht erfüllt werden konnte. "Organisieren", das heißt Selbstbeschaffung, hieß das große Zauberwort. Und es ging! Eine Straße von Reval nach Narwa von Kilometer 0 bis Kilometer 15 durch Sumpf und Moor war nach dreijähriger Bauzeit fertig. In dieser Arbeitsphase konnte aber kein "Plenni" bei einem solchen Straßenbaukommando auch nur einen Rubel erarbeiten. Besser waren ab 1948 die Stadtkommandos. Hier gab es beispielsweise beim Aufbau einer Schule oder in der Papierfabrik beim Ausladen von Ölschiefer Geld zu verdienen. Auch beim Kontakt mit der estnischen Bevölkerung, die sehr deutschfreundlich eingestellt war, gab es manches Stück Brot, ein paar Kartoffeln oder Tomaten und sonstiges zu erhaschen. Da unsere russischen Wachposten die gleichen leeren Magengefühle hatten wie wir, wurde manche "Beute" nach einem "Streifzug" brüderlich geteilt. Ein gutes Verhältnis zu unseren Bewachern zahlte sich immer aus.

Aufgrund der verdienten Rubel, die man innerhalb der einzelnen Arbeitskommandos aufteilte, wurde zur Verbesserung der Lebensqualität innerhalb des Lagers mit einfachsten Karteikarten eine Lagerbank eröffnet, mit Ein- und Auszahlungen, wie bei einer "Großbank". Die Einrichtung einer Marketenderei war der nächste Schritt. Hier gab es Dinge zu kaufen, von der Graupenwurst angefangen über Margarine, Rauchwaren, Nähzeuge bis zu einem Kamm, den man jahrelang wegen siebenmaligem Schneiden einer "Glatze" nicht mehr benötigt hatte. Der Lebensstandard stieg und mit ihm auch die Gewohnheit an die Gefangenschaft. Längst gab es im Lager Theatergruppen, Gesangsabteilungen, Sprachkurse – hauptsächlich für russisch –, alle 14 Tage eine Wandzeitung innerhalb der Kompanie, und selbstverständlich auch politische Schulungen aller Art durch die "ANTIFA" mit Durchführung demokratischer Wahlen für die einzelnen Ressortbereiche wie Arbeitseinsatz, Politik, Unterhaltung sowie soziale Aufgaben und Post-Verpflegung.

Das in sich – durch Eigeninitiative mit Zustimmung der russischen Kommandantur – verbesserte Lagerleben, erhielt in den letzten Monaten des Jahres 1948 einen gewaltigen Schock, als das propagandierte Versprechen der russischen Verwaltung zur Entlassung aller Kriegsgefangenen bis Ende 1948 wie eine Seifenblase zerplatzte. Viele Kameraden wollten streiken oder flüchten. Diesen Leidensgenossen galt es wiederum klarzumachen, daß nur eine Chance bestand, zu einem späteren Zeitpunkt gesund nach Hause zu kommen, wenn wir arbeiteten und Geld verdienten.
So ging denn auch das Jahr 1949 ins Land und Ende Oktober verließ unser Zug – nach über vierjährigem Aufenthalt – die Stadt Reval in Richtung Westen. In Frankfurt/Oder durften wir unsere Entlassungsscheine in deutsch und russisch selbst schreiben und in Hof-Moschendorf wurden wir von den Russen an die Amerikaner übergeben.
Deutschland hatte uns wieder, zwar abgemagert, doch ungebrochen im Herzen und reich an Erfahrungen für eine ungewisse Zukunft; denn der Krieg und die Gefangenschaft waren eine Schule des Lebens, die in keinem Buche stand, sondern geschrieben wurde durch den Kampf ums nackte Überleben hinter Stacheldraht in ehrlicher Überzeugung für die Notwendigkeit der Mitarbeit am Wiederaufbau unserer deutschen Heimat nach unserer Rückkehr.

Neben der Not der Gefangenschaft gab es die menschliche Hilfe.

Die Zeit danach
Tätigkeit des Traditionsverbandes der ehemaligen 215. Infanterie-Division von Kriegsende bis 1980

Die heimgekehrten Soldaten nahmen in der zerstörten und hungernden Heimat Verbindung untereinander auf, weil sie spürten, daß die im Kriege gewachsene Kameradschaft über das bittere Ende weiterlebte.
Man freute sich über jeden, der überlebt hatte und der aus Gefangenschaft zurückkam. Man half, die Schicksale von Vermißten aufzuklären, man besuchte die Angehörigen von Gefallenen, man unterstützte sich bei der Beschaffung von Wohnraum, Arbeitsplätzen und Lebensmitteln. Mit ersten Zusammenkünften im kleineren Kreis begannen die ehemaligen 215er einen Zusammenhalt aufzubauen. So gründete der Regimentsveterinär des G.R. 380, Dr. Julius Oscar Böpple, schon 1946 einen Stammtisch in Stuttgart-Bad Cannstatt in der Gaststätte "Bauhütte", dem er zur Tarnung und mit Humor den Namen "Wachendorfer-Samstag-Abendschoppen-Gesellschaft" verlieh.
Im Sommer 1951 unternahm Gen.Lt. a. D. Frankewitz seine erste Reise nach Baden-Württemberg, wo er mit herzlicher Gastfreundschaft aufgenommen wurde. Anläßlich dieses Besuches wurde durch telefonische Einladungen im "Schneeballsystem" zum ersten Mal ein Treffen in der Brauerei-Gaststätte "Hofbräu" in Stuttgart-Heslach improvisiert, an dem etwa 300 Angehörige aller Einheiten der Division vertreten waren und das deshalb als "1. Divisionstreffen" angesehen werden kann. An diesem Tag wurde beschlossen, im Herbst des nächsten Jahres ein gut vorbereitetes Divisionstreffen abzuhalten.
Dieser Tag war der "Geburtstag" des späteren Traditionsverbandes der ehemaligen 215. Infanterie-Division.
Dank der unermüdlichen und wohldurchdachten Arbeit des "Vorbereitenden Ausschusses" wurde das zweite Divisionstreffen am 7. September 1952 in Ludwigsburg ein kaum für möglich gehaltener Erfolg. Etwa 4.500 Kameraden der 215. Infanterie-Division drängten sich in der Stadthalle zur Gedenkfeier und verteilten sich danach einheitsweise in die verschiedenen Gaststätten der Stadt. Der ehemalige katholische Divisions-Pfarrer Willi Müller hielt eine unvergeßliche Gedenkrede auf die Gefallenen.
Zum Treffen wurde eine Broschüre "Der Weg der 215. Infanterie-Division 1939 - 1945" herausgegeben, verfaßt von Oberstleutnant i.G.a.D. Walter Schelm (Ia der Division von 1941 - 1944) und Hauptmann a. D. Dr. Hans Mehrle (zuletzt Regiments-Adjutant des G.R. 390), gedruckt von Kamerad Theo Glauner,Oblt. d.R.a.D. (Stab G.R. 380). Diese Schrift war schon als Grundlage für ein zu schaffendes Erinnerungsbuch der 215. Infanterie-Division angelegt. Das Treffen wurde in der Presse sehr positiv gewürdigt. Besonders eindrucksvoll war die Zusammenarbeit mit dem Suchdienst des Deutschen Roten Kreuzes, das während des Treffens 163 Erklärungen über Vermißten-Schicksale gewinnen konnte.

Die Anschriften-Kartei umfaßte nach dem Treffen über 8.000 Namen von Divisionsangehörigen. Ihnen allen wurde zum Volkstrauertag im November 1952 ein gedruckter Bericht über das Treffen mit dem Text der Rede von Pfarrer Willi Müller übersandt.
Nach dem Erfolg des Ludwigsburger Treffens war es der allgemeine Wunsch, die Tradition der ehemaligen 215. Infanterie-Division und den Zusammenhalt der Kameraden zu festigen. Aus rechtlichen und steuerlichen Erwägungen wurde am 12. Juni 1954 ein gemeinnütziger Verein "Kameradenhilfswerk und Traditionsverband der ehemaligen 215. Infanterie-Division" gegründet und in das Vereinsregister in Stuttgart eingetragen. Zum ersten Vorsitzenden wurde Oberst d.R.a.D. Wilhelm Herb, Kommandeur des G.R. 380, gewählt, der kurz zuvor aus russischer Gefangenschaft heimgekehrt war. Der Verband strebte nicht an, alle ehemaligen Angehörigen der Division als Mitglieder zu gewinnen, sondern beschränkte seine Mitglieder auf einen Kreis von ca. 30 bis 40 Kameraden, die aktiv an den Aufgaben des Verbandes mitarbeiten und deren Mitgliederversammlungen den vereinsrechtlichen Unterbau für die Arbeit des siebenköpfigen Vorstandes darstellte.
1954 wurde die Zeitschrift "Alte Kameraden" als Organ der Traditionsverbände herausgegeben, deren erste Nummer von den Verbänden der ehemaligen 25. Panzergrenadier-Division und der 215. Infanterie-Division getragen wurde. Im Laufe der Jahre sind über 60 Traditionsverbände des ehemaligen Heeres mit dieser Zeitschrift als ihrem Verbandsorgan verbunden. Unser Traditionsverband veröffentlicht laufend in "Alte Kameraden" Erlebnisberichte sowie die "Verbandsnachrichten" über Treffen, Ehrungen, Todesfälle und Tätigkeiten des Traditionsverbandes.

Das dritte Divisionstreffen wurde für den Herbst 1955 geplant; als Ort des Treffens wurde Heilbronn gewählt, da die Stadtverwaltung mit dem Traditionsverband vereinbart hatte, ein Ehrenmal an der Außenseite des Hafenmarktturms anzubringen, der in seiner Innenhalle die Gedenkstätte für die Gefallenen des Ersten Weltkrieges enthält. Mit Zustimmung des Schöpfers dieser Gedenkstätte, Professor Bonatz, gestaltete Bildhauer Ernst Yelin, Stuttgart, (selbst ehemaliger Divisionsangehöriger) das ihm vorgegebene Motiv des "Kreuzes von Tschudowo" in künstlerisch überzeugender und würdiger Weise.

Zum Treffen am 11. September 1955 kamen etwa 3.000 Divisionsangehörige in die neu erbaute und noch nicht mit Maschinen ausgerüstete Werkhalle des FIAT-Automobilwerkes, die uns für diesen Tag zur Verfügung gestellt war. Nach der Gedenkrede des ehemaligen evangelischen Divisionspfarrers Prof. Dr. Bauer, weihte der ehemalige katholische Divisionspfarrer Willi Müller das Denkmal.
Es wurde dann in dauernde Obhut der Stadt Heilbronn übernommen.
Auch beim Divisionstreffen 1955 konnte eine größere Anzahl von Vermißten-Schicksalen in Zusammenarbeit mit dem Suchdienst des Deutschen Roten Kreuzes geklärt werden. Rechtzeitig zum Divisionstreffen 1955 wurde das Erinnerungsbuch der 215. Infanterie-Division herausgegeben, an dem die Autoren Walter Schelm und Dr. Hans Mehrle drei Jahre neben ihrer beruflichen Belastung unermüdlich gearbeitet hatten. Theodor Glauner, Besitzer einer Buchdruckerei, besorgte Druck und Einband; zum Preis von DM 6,50 konnten die Kameraden beim Treffen in Heilbronn das Buch erwerben, das großen Anklang fand.
Das Erinnerungsbuch der 215. Infanterie-Division wurde von der militärischen Fachpresse im In- und Ausland sehr günstig als eine der besten Divisions-Geschichten des Zweiten Weltkrieges besprochen und von vielen Bibliotheken und auch von Lesern, die nicht der 215. Infanterie-Division angehört hatten, gekauft. Die Auflage ist vergriffen.

Mit dem dritten Divisionstreffen in Heilbronn, der Schaffung des Ehrenmals und der Herausgabe des Erinnerungsbuches hatte der Traditionsverband in kurzer Zeit Großes geleistet. Es wurde beschlossen, in den nächsten Jahren kein Treffen im Divisionsrahmen abzuhalten, sondern die Treffen der kleineren Einheiten, wie Kompanien und Batterien, Stäbe, Bataillone, Abteilungen und Regimenter, organisatorisch und finanziell zu unterstützen.
Von diesen kleineren Treffen verdient das Regimentstreffen des I.R./G.R. 380 im Mai 1962 in Weinsberg besonders erwähnt zu werden. Über tausend ehemalige 380er feierten unter freiem Himmel einen Gottesdienst, den Dekan Dunker von Weinsberg, ehemaliger Kommandeur eines Pionier-Bataillons und Ritterkreuzträger, zu einem soldatischen und religiösen Erlebnis gestaltete. In der Hilt-Halle hielt Wilhelm Herb eine packende Gedenkrede über das Regiment 380.
Die Gräber der Gefallenen im Osten sind unerreichbar. In Mutzig/Elsaß waren schon am Ende des Westfeldzuges 65 Kameraden der 215. Infanterie-Division, die beim Durchbruch durch die Maginot-Linie und bei den Kämpfen im Elsaß gefallen waren, bestattet worden. Sie wurden vom Volksbund deutscher Kriegsgräberfürsorge nach Niederbronn im Elsaß umgebettet, wo 1967 ein neuer großer Soldatenfriedhof für 15.413 Gefallene eingeweiht wurde.
Mit mehreren Omnibussen fuhren Angehörige der Division zu diesem Anlaß nach Bad Niederbronn, wo der französische Bürgermeister und Oberst a.D. Wilhelm Herb Ansprachen hielten, die eindringlich die Versöhnung zwischen Frankreich und Deutschland über die Gräber hinweg bekräftigten.
Am 27. Mai 1969 verstarb in Zaberfeld Oberst Wilhelm Herb. An seiner Beerdigung nahmen über hundert Angehörige der 215. Infanterie-Division teil. Sechs Ritterkreuzträger trugen den Sarg von der Kapelle zum Grab, ein Feldwebel der Bundeswehr trug das Ordenskissen. In der nächsten Mitgliederversammlung wurde Konrad Zeller, Oberstlt. d.R. der Bundeswehr zum 1. Vorsitzenden gewählt.
Die Artillerie-Schule der Bundeswehr in Idar-Oberstein schuf am Appellplatz der Schule eine "Traditionswand", in die 240 Erinnerungstafeln für Artillerie-Einheiten der Wehrmacht eingefügt wurden. Gerne beteiligte sich der Traditionsverband der 215. Infanterie-Division und übergab im Rahmen einer Feierstunde eine Plakette in Bronze zur bleibenden Erinnerung an das Artillerie-Regiment 215 und die IV. (schwere) Abt. A.R. 225.
Nachdem 20 Jahre seit dem Divisions-Treffen in Heilbronn vergangen waren und die Reihen der alten Kameraden bei den kleineren Treffen sich lichteten, wurde der Wunsch nach einem Treffen im Divisionsrahmen von vielen Kameraden an den Vorstand des Traditionsverbandes herangetragen. Am 25. April 1976 fand das vierte Divisions-Treffen in Ludwigsburg statt, das mit seiner hohen Besucherzahl, dem guten finanziellen Ergebnis und der großen Wiedersehensfreude alle Erwartungen übertraf.
Vor dem Treffen hatte der Traditionsverband in begrenzter Auflage einen Ehrenschild aus Bronze in Gestalt des Divisionszeichens "Schild und Schwert" anfertigen lassen, der noch während des Treffens käuflich erworben werden konnte, seither aber nur noch als Ehrengabe an Persönlichkeiten, die sich um die Tradition der 215. Infanterie-Division verdient gemacht haben, überreicht wird.
Am Ende dieses Treffens waren sich alle Teilnehmer darüber einig, daß weitere Divisionstreffen, möglichst im Abstand von zwei Jahren, stattfinden sollten.
Die Adressenkartei war aus den Ergebnissen des Ludwigsburger Treffens von 1976 auf den neuesten Stand gebracht worden. Kamerad Gutöhrlein aus Schwäbisch Hall-Gelbingen, der 20 Jahre lang die Kartei verwaltet hatte, übergab 1975 diese Aufgabe an Kamerad Moser aus Heilbronn. In Ludwigsburg hatte sich Kamerad Leibersberger wiederum als örtlicher Organisator hervorragend bewährt. Der Vorstand konnte daher ohne Bedenken ein neues Treffen veranstalten.

Am 19. Oktober 1978 kamen wieder über 1.500 ehemalige Angehörige der 215. Infanterie-Division in der Stadthalle in Ludwigsburg zusammen und dieses Treffen verlief wie das von 1976 in großer Harmonie und Wiedersehensfreude. Zum Treffen waren zwei Karten über die Einsätze der Division im Westen und Osten und eine Zusammenstellung aller Einsatzdaten und Orte der Division herausgegeben worden.
In Heilbronn findet jährlich am Volkstrauertag vor dem Hafenmarktturm eine Gedenkfeier für die Opfer aller Kriege statt, bei der ein Geistlicher die Gedenkansprache hält, und Kränze der Stadtverwaltung, der Bundeswehr, der Amerikanischen Armee und der Soldaten- und Traditionsverbände niedergelegt werden.
Seit das Ehrenmal für die Gefallenen und Vermißten der 215. Infanterie-Division an diesem Turm angebracht ist, wird es jährlich am Volkstrauertag mit einem Kranz geschmückt.
An der Feier beteiligen sich von Jahr zu Jahr mehr ehemalige Angehörige der 215. Infanterie-Division.
Das anschließende Mittagessen und kameradschaftliche Beisammensein im "Ratskeller" wurde zu einer guten Tradition, wie auch die Teilnahme von Abordnungen der Bundeswehr und der U.S.Army.
Wenn sich auch unsere Reihen lichten und der Tag kommen wird, an dem der Traditions-Verband der 215. Infanterie-Division seine Tätigkeit einstellen wird, so hat er doch in den 35 Jahren seit Kriegsende manchem Kameraden geholfen und dazu beigetragen, daß die im guten Glauben gebrachten Opfer und soldatischen Leistungen nicht vergessen werden.

Das Ehrenmal am Hafenmarktturm in Heilbronn, geschaffen von Bildhauer Ernst Yelin.

Kamerad Dr. Nietzer, ehem. Hptm. und Divisions-Adjutant, eröffnet das Divisionstreffen 1955 in der FIAT-Halle in Heilbronn.

Umschlagseite der Festschrift, die zum Divisionstreffen 1952 in Ludwigsburg herausgegeben wurde.

ALTE KAMERADEN

P 1131 E

UNABHÄNGIGE ZEITSCHRIFT DEUTSCHER SOLDATEN
ORGAN DER TRADITIONSVERBÄNDE UND KAMERADENWERKE

In der Zeitschrift "Alte Kameraden" werden seit 1954 Erlebnisberichte und Verbandsnachrichten veröffentlicht.

Bild oben:
Vom Friedhof in Mutzig wurden 65 Gefallene der 215. I.D. nach Niederbronn umgebettet.

Bild Mitte:
Das Gräberfeld auf dem Soldatenfriedhof Bad Niederbronn im Elsaß.

Bild unten:
Volkstrauertag in Heilbronn 1968. In der linken Gruppe innen die Kameraden Goldammer und Dr. Nietzer, in der rechten Gruppe innen die Kameraden Ade und Strittmatter.

Bild oben:
Konrad Zeller übergibt die Ehrentafel für die Artillerie-Einheiten der 215. I. D. an die Artillerie-Schule der Bundeswehr in Idar-Oberstein.

Bild Mitte:
Appellplatz der Artillerieschule mit der "Traditionswand", an der die Erinnerungstafeln angebracht sind.

Divisionstreffen 1976 in Ludwigsburg. Auf der Bühne spielt das Musikkorps des Musikvereins Ludwigsburg-Ossweil bekannte Märsche.

Zum Dank für die Gastfreundschaft überreicht eine Abordnung der 215. I. D. dem Oberbürgermeister der Stadt Ludwigsburg und der Leiterin seines Militärarchivs zwei Bilder und das Erinnerungsbuch. Von rechts: Dr. Hans Mehrle, Richard Leibersberger, Frau Gengnagel, Oberbürgermeister Dr. Ulshöfer, Dr. Carl Sternfeld.

Kranzniederlegung am Hafenmarktturm in Heilbronn 1978. Die Abordnung der 215. I. D., von links: Jakob Ringhof, Kurt Moser, Theo Glauner.

Der Erste Bürgermeister Dr. Weinmann mit dem Kranz der Stadt Heilbronn, dahinter die Abordnungen der Bundeswehr und der U.S.Army.

Die Stadthalle in Ludwigsburg konnte beim Divisionstreffen 1978 kaum die vielen Teilnehmer fassen. Blick von der Bühne in den Saal während der Ansprachen.

Der Hafenmarktturm in Heilbronn am Volkstrauertag 1979. Links im Bild das Ehrenmal der 215. I. D. mit den Kränzen des Traditionsverbandes und der Stadt Heilbronn, die das Denkmal seit 1955 in ihre Obhut genommen hat.

Pfarrer Prof. Dr. Bauer in der Ehrenhalle des Soldatenfriedhofes Niederbronn mit einer Schulklasse aus Bruchsal, die im Sommer 1979 den Friedhof pflegte und von einer Abordnung der 215. I. D. besucht wurde.